【文庫クセジュ】

フランス中世史年表

四八一〜一五一五年

テレーズ・シャルマソン 著
福本直之 訳

白水社

目次

序

本書『フランス中世史年表』は、通常フランク王国成立の出発点と見なされているクロヴィスの即位からフランソワ一世の登位までの時期をあつかっている。

本書は、コレクション・クセジュに収められている三部作の第一作目にあたる。他の二作は次の二著である。

——マルティヌ・ソネ『フランス近代史年表（一五一五～一八一五年）』（三一七八番）

——アンヌ＝マリ・ルロラン『フランス現代史年表』（一八一五年～現代）』（三一六三番）

この二著で採用されている方針に倣い、本書でも、各年号に従ってまず広い意味での政治的出来事を挙げている。さらに中世の時代に不可欠な宗教的、文化的事項をも併せて記載している。

新しい王朝が次々と登場することによって生じる問題の理解を助けるために、かなり詳しい王家の系図も添えておいた。

個々の出来事をさらに詳しく知りたいと思われる方は、次に紹介する著書を参照されるとよい。

全体的、かつ詳細な、索引・地図付きの年表として、マルティヌ・ソネ／テレーズ・シャルマソン／アンヌ＝マリ・ルロラン『フランス史年表』、パリ、PUF、一九九四年。

手引書としては、クロード・ゴヴァール『中世のフランス——五世紀から十五世紀まで——』、パリ、

ＰＵＦ、二版、一九九七年。

事典は、

――ジャン・ファビエ『中世フランス事典』、パリ、ファイヤール、一九九三年。

――アンドレ・ヴォーシェ監修、カトリーヌ・ヴァンサン執筆協力『中世百科事典』、ケンブリッジ・パリ・ローマ、ジェームス・クラーク、エディシオン・デュ・セール、チッタ・ヌオバ、二巻、一九九七年。

文庫版フランス史では、『新フランス中世史』、パリ、スイユ、六巻、一九九〇年。

専門研究書として、

――グザビエ・バラル＝アルテ『中世の美術』、パリ、ＰＵＦ、コレクション・クセジュ（二五一八番）、二版、一九九三年。

――フィリップ・コンタミーヌ／マルク・ボンペール／ステファン・ルクレール／ジャン＝リュック・サラザン『中世の経済』、パリ、コラン、「中世史シリーズ」、一九九三年。

――ジュヌヴィエヴ・アズノール／ミシェル・ザンク監修『フランス文学事典』（中世篇）、改訂版、パリ、ファイヤール、「こんにちの百科事典」、一九九二年。

――オリヴィエ・ギヨ／アルベール・リゴディエール／イヴ・サシエ『中世フランスにおける権力と機構』、パリ、コラン、「中世史シリーズ」、二巻、一九九四～九六年。

――アラン・ド・リベラ『中世の哲学』、パリ、ＰＵＦ、一九九三年。

――ミシェル・ザンク『中世フランス文学』、パリ、ＰＵＦ、一九九二年。

第一章　メロヴィング朝（四八一〜七五一年）

四八一年　フランク人の王キルデリック一世死す、子クロヴィス十六歳で即位。*

＊クロヴィスの治世、なかでも彼の受洗時期等に関しては前出クロード・ゴヴァールの著書（三五〜四三頁）および巻末の系図を参照。

四八六年　クロヴィス、ソワソン駐屯ローマ軍団長、「ローマ人の王」シアグリウスと交戦。シアグリウス、西ゴート王アラリック二世のもとに逃走。* クロヴィス、セーヌ川まで、さらにロワール川まで勢力拡大。「ソワソンの壺」**。

＊アラリック二世はシアグリウスを捕えてクロヴィスのもとに送り届けたので、シアグリウスは殺された〔訳注〕。

＊＊クロヴィスのランス征服にまつわる有名な逸話である。ランス教会から略奪された戦利品のなかに大きな壺が含まれていた。ランス司教レミギウスはあれだけは返して欲しいとクロヴィスに依頼した。王は戦利品はソワソンで籤引きで戦士全体で分配するので、自分が引き当てたら返却すると約束した。王は籤引きの前にあの壺だけは優先的に自分のものにしてくれないかと戦士に頼んだ。ほぼ全員が王の申し出を了としたが、一人だけ頑固者がいて、王たりとも籤以外の方法で戦利品を私物化するべきでないと叫びながら戦斧でその壺を撃った。王は不快の念を抑えながら彼の言葉に従い、籤でその壺を引き当てレミギウスに送り返した。その後、三月一日の戦士閲兵式でクロヴィスはくだんの男に対し、その武器の手入れの悪さを咎め、戦斧を取り上げて地面に投げ捨てた。そして斧を拾うため屈みこんだ男の頭上にこう言いながら戦斧の一撃を与えた。「お前はソワソンの壺に対してもこうしたのだぞ」。この銀製の壺は、クロヴィスの死後二〇年以上も

経って聖レミギウスが遺言を書いたときにはまだ元のままの姿をとどめていたとも、一組の聖体入れと聖杯に作り直されたともいわれている〔訳注〕。

四九一年　クロヴィス、チュリンゲン王国を従える。

四九三年　クロヴィス、ブルグンド王グンドバッドの姪で、カトリック信者のクロティルデと結婚*。《イタリア》東ゴート王テオドリック、全イタリアを支配。クロヴィスの妹アウドフレダを娶る。

*クロティルデの叔父をはじめ、ブルグンド族、ヴィジゴート族はすでにキリスト教を奉じていたが、キリストの神性を容認しないアリウス派に属していた〔訳注〕。

四九七年頃　◇四九四年頃、ヴィエンヌ司教アヴィトゥス『書簡』執筆開始（→五一八年）。クロヴィス、ライン川流域のフランク王国救援、アラマン族をトルヴィアック（おそらくトリーア北方のツルピッヒか）に破る*。

*古戦場トルヴィアックの場所については諸説ある。この合戦は両軍勢力拮抗して長時間にわたり、顔に負傷したクロヴィスは彼の奉ずる軍神の助けを乞うが御利益なく、ついに詮方なくこう叫んだ。「クロティルデの神よ、勝利を与えてくれるなら信じてみせようぞ。汝の名のもとに洗礼を授かるべし」。すると戦運は彼に傾き、クロヴィスはカトリックへの改宗を決意するに至った〔訳注〕。

四九八年　クロヴィス、西ゴート王国への第二回遠征途上、ボルドーを制圧。12/25クロヴィス、ランスで聖レミギウスより受洗*。

*洗礼に臨んで聖レミギウスはクロヴィスに次のように言った。「ゲルマンの長よ、恭しく頭をたれよ。今まで汝が崇拝してきたものを滅し、焼きつくしてきたものを敬え」。彼とともに三〇〇〇の戦士が受洗し、クロヴィスはカトリックに改宗した最初の蛮族の王となった。それによって、アリウス派の諸王に対抗する場合、クロヴィスは全ガリアの司教の支持を得ることができるよう

になった。ヴィエンヌ司教アヴィトゥスはいみじくも、「汝の入信はわれらが勝利なり」と言っている〔訳注〕。

五〇〇年頃
クロヴィス、ブルグンド王国へ遠征。ディジョンを占領、グンドバッド王をアヴィニョンに包囲、のちに包囲解く。

五〇二年
クロヴィス、アラリック二世とアンボワーズ付近のロワール川の島で和平を約す。
◇カエサリウス、アルル司教となる。パリの聖女ジュヌヴィエーヴ死す。
◇五〇二年頃、ブルグンド族『グンドバッド法典』完成。

五〇六年
クロヴィス、アラマン族へ再遠征。
◇五〇六年頃、ブルグンド族、ローマ法典編纂。

五〇七年
クロヴィス、西ゴート王国へ遠征、ヴィエ〔ポワティエ南一五キロメートル〕で勝利。アラリック二世死す。* クロヴィス、オーヴェルニュ占領。

*ヴィエの戦いの最中、クロヴィスはアラリック二世に決闘を挑み、両軍の見守るなか相手を倒し、それが西ゴート軍の敗走を招いた〔訳注〕。

◇五〇七年頃、西ゴート族のローマ法典『アラリック法典』編纂。

五〇八年
クロヴィス、トゥルーズを奪取。トゥルーズ地方の西ゴート王国滅亡。クロヴィス、パリに居を定める。東ゴート王テオドリック、プロヴァンスとセプティマニア〔フランス南部〕に進出、フランク人とブルグンド人敵対。東ローマ皇帝、クロヴィスに執政官の記章を贈る。
◇六五章より成る『サリカ法典』の編纂始まる*（→五一一年）。

＊『サリカ法典』の特色は、刑事犯罪の解決を贖罪金の支払いにおいている点にある。殺人、傷害も被害者の身分、被害の程度に応じて細かく贖罪金の査定がされている（『サリカ法典』（久保正幡訳）、創文社、一九七七年）〔訳注〕。

五〇九年頃　クロヴィス、ライン川流域のフランク人に王として承認される。

五一一年　七月、クロヴィス、オルレアンに第一回ガリア宗教会議召集。＊ 11／27クロヴィス死。パリのサン＝アポートル教会に埋葬される。クロティルデ妃、トゥールのサン＝マルタン修道院に隠棲。クロヴィスの四人の息子、王国分割（ライン川流域の旧フランク王国・オーヴェルニュ・ランス・シャロン・トロワ（首都ランス）→テオドリック一世、ロワール河流域（首都オルレアン）→クロドミル、ノルマンディー・パリ（首都パリ）→キルデベルト一世、ライン川下流（首都ソワソン）→クロタール一世、アキテーヌ→兄弟四人で分割）。

＊司教の権威、教会の避難所としての権限、聖職者の世俗権威からの独立が再確認されたと同時に、国王はみずからを教会の長として認めることを要求し、司教人事への介入を容易にした。かくして教会は国王の政治的野心のもとに置かれることとなる〔訳注〕。

◇五一九年、オルレアン宗教会議。

◇五二〇年頃、『教父伝』。

五二三年　クロドミル・キルデベルト・クロタール、ブルグンド王国侵攻。グンドバッド（五一六年死）を継いだシギスムンド敗死。弟グンドマール、フランク人への戦いを継承。

五二四年　テオドリック・クロドミル・キルデベルト・クロタール、再度ブルグンド王国遠征、ヴェズロンス〔グルノーブル北北西五〇キロメートル〕にて敗退。クロドミル戦死。キルデベルトとクロタール、クロドミルの息子たちを暗殺。王国二分して横領。テオドリックはベリ・オーセール・サンスを獲得。

五三一年　キルデベルト一世、西ゴート王アマラリック（五一一年↓）をナルボンヌに倒す。

五三〇～一年頃　テオドリック・クロタール、チュリンゲン王国を平定。

五三二年　キルデベルト・クロタール・テオドベルト（テオドリック子）からの度重なる攻撃にブルグンド王グンドマール逃走（↓五三四年）。

五三四年　テオドリック死。子テオドベルト、叔父たちの王位簒奪の企みを退け即位。
ブルグンド王グンドマール逃走後、キルデベルト・クロタール・テオドベルト、ブルグンド王国を三分割。
◇五三五年、クレルモン宗教会議。

五三七年頃　フランク族、旧ゲルマニア全土を東ゴート族より奪い、その支配者となる。

五三八年　クロタール、チュリンゲン王の娘ラデゴンデを娶る。
◇五四〇年頃、テオドベルト一世、はじめて名前入りの金貨鋳造。

五四一年　キルデベルト・クロタール、スペインの西ゴート王国遠征（↓五四三年）。
◇オルレアン宗教会議。
◇五四二年、キルデベルト、スペインより持ち帰った聖遺物安置のため、パリにサン＝ヴァンサン教会建立（現在のサン＝ジェルマン・デ・プレ教会の場所）。アルルのカエサリウス死後、『アルルのカエサリウス伝』。

五四三年　キルデベルト、サラゴッサで敗北。

五四八年　《ランス王国》テオドベルト一世死。子テオドバルト一世即位。
　◇第二次オルレアン宗教会議（偶像崇拝者への処置を検討）。
五五五年　《ランス王国》テオドバルト一世死。クロタール、ランス王国横領。クロタール妃ラデゴンデ、宮廷を去り、ノワイオン司教メダルドゥスにより助祭に叙せらる。*

＊王妃ラデゴンデはフランク族の野蛮な風習を嫌悪していたが、弟が夫に殺されたのを機に修道女としての生活に入る。彼女の建てたポワティエの「真の十字架（サント・クロワ）」女子修道院には彼女の聖徳をしたう人びとが全ガリアから集まった。当代最高の詩人フォルテュナと彼女の霊的交友はよく知られ、彼女の依頼で詩人が書いた「王の旗は前進する」は賛美歌としてこんにちも教会で歌いつがれている〔訳注〕。

五五六年　クロタールの子クラムヌス、父に叛逆。
五五六〜七年頃　クロタール、サクソン人を従え、彼らに貢租を課す。
五五八年　《パリ王国》キルデベルト死。クロタール、パリ王国を奪い、クロヴィスの王国統一を完成（→五六一年）。
　◇五五九年、ペスト流行。
五六〇年　クロタール、再度叛逆を企てた息子クラムヌスを殺害。
　◇五六〇年以前、クロタール妃ラデゴンデ、東ローマ皇帝ユスティニアヌス一世より真の十字架の聖遺物を贈られ、ポワティエにサント・クロワ女子修道院を創設。
五六一年　クロタール死。王国は四子に分割（ランスとランを含むアウストラシア・オーベルニュ・プロヴァンスの一部（首都メス）→ジギベルト一世、ブルジュ・オルレアン・ブルグンド→グントラム、王国西部→カリベルト一世、ネウストリア・ソワソン→キルペリック一世）。

五六七年

カリベルト一世死。残る三兄弟が彼の王国を三分割（アウストラシア、ネウストリア、ブルゴーニュの誕生*）。

＊アウストラシアはムーズ川とライン川のあいだの地域を意味するが、プロヴァンス、アキテーヌにも属領をもっている。ネウストリアはロワール川、大西洋、シャンパーニュに囲まれた地方を指す。七世紀にはアウストラシア、ネウストリア、ブルグンド（前二者の中間に位置する）の三王国は互いに対立抗争を繰り返した。三国の争いも、六八七年のアウストリア宮宰の勝利で終結し、勝者がカロリング朝への道をひらくことになる〔訳注〕。

◇トゥール宗教会議。

五六八年

◇五六七年頃、ナント大聖堂完成。

キルペリック内妻フレデグンデ、王妃カルスヴィンタ殺害*。キルペリックとジギベルトの抗争（→五七五年）。

＊キルペリックは兄ジギベルトがヴィジゴート王女ブルンヒルデを娶ったのに倣って、その妹カルスヴィンタを二度目の妃に迎えた〔訳注〕。

◇五七〇年頃、トゥルーズ、サン＝セルナン・デュ・トール大聖堂建設。

◇五七〇〜五年頃、アイルランド僧コルンバヌス、アルモリカ〔ブルターニュ〕上陸。

五七五年

《アウストラシア》キルペリック・フレデグンデの策動によりジギベルト暗殺さる。子キルデベルト二世即位。

◇（五七五年→）トゥールのグレゴリウス『フランク人の歴史』執筆*。

＊トゥールのグレゴリウス『歴史十巻』（フランク史）Ⅰ、Ⅱ（東海大学古典叢書、兼岩正夫・臺幸夫訳注）、東海大学出版会、Ⅰ（一九七五年）、Ⅱ（一九七七年）〔訳注〕。

五七七年

《ブルゴーニュ》グントラム、キルデベルト二世とポンピエール〔ヴォージュ県〕で会談、養子にする。

五七八年 《ネウストリア》ルーアンに亡命していたブルンヒルデを妻としたキルペリックの長男メロヴェ死。*

＊夫の宿敵の子メロヴェ（彼もまた義母フレデグンデに憎まれていた）に愛されたブルンヒルデは五七五年、ルーアン司教の手で伯母─甥の結婚式を挙げる。この結婚はたとえ義理の関係でも近親結婚と見なされ、教会は無効を宣することになる〔訳注〕。

五八四年 《ネウストリア》キルペリック暗殺さる。子クロタール二世は生後四カ月のため、フレデグンデ、グントラムを後見人に指名。

◇五八五年、マコン宗教会議でリヨン司教をガリア首座に決定。パリ、シテ島大火。

五八七年 《ブルゴーニュ》11／28グントラム・キルデベルト二世、アンドロ〔オート＝マルヌ県〕で協定を結ぶ（両者のどちらかが男系相続人なく死んだときには、残る者が領土を引継ぐ）。

五九二年 《ブルゴーニュ》グントラム、嫡子なく死。キルデベルト二世、後継。

五九五年 キルデベルト二世死。二人の息子が継承（ブルゴーニュ→テオドリック二世、アウストラシア→テオドベルト二世）。ブルンヒルデ、孫二人の後見役を画策。

五九六年 《ネウストリア》クロタール二世・フレデグンデ、ラフォ〔ソワソン北東一五キロメートル〕でブルンヒルデとその二人の孫を破る。

五九七年 フレデグンデ死。

五九九年 ブルンヒルデ、アウストラシアを去り、ブルゴーニュに亡命。

◇ペスト猖獗（＝六〇五年）。

六〇〇年　《ネウストリア》クロタール二世、テオドベルト二世・テオドリック二世の連合軍にドルメル〔セーヌ=エ=マルヌ県〕で敗北。
◇六〇〇年頃、コルンバヌス、フォンテーヌ修道院創設。
◇六〇〇年以降、農民一戸の生活に最低限必要な保有地の単位を示す語「マンス」の使用がパリ周辺で始まる。

六〇四年　《ネウストリア》クロタール二世、テオドベルト二世・テオドリック二世連合軍にエタンプ〔エソンヌ県〕で敗れる。コンピエーヌ条約により、オワーズ川、セーヌ川と英仏海峡に囲まれた土地を除き、他のクロタールの領土は二人に分割される。

六一〇年　《ブルゴーニュ》テオドリック二世、弟テオドベルト二世にアルザス割譲。

六一二年　《アウストラシア》テオドベルト二世、トゥル附近でテオドリック二世に敗れ、息子メロヴェとともに殺害される。宮宰〔行政長官〕ランデンのペピンとメス司教アルヌルフに率いられたアウストラシア貴族、クロタール二世に助勢を乞う。

六一三年　ブルンヒルデ、長男シギベルト二世にブルグンド・アウストラシア王を称させる。ブルグンド宮宰ヴァルンハール、二人をクロタール二世に引渡し、処刑させる。クロタール、唯一人のフランク王となる。

六一四年　クロタール二世、パリに諸侯会議ならびに宗教会議開催。10/16パリ告示により各国王に宮宰の率いる行政組織を設置。ペピン、アウストラシア宮宰となる。
◇六一四年頃、クロタール二世、息子ダゴベルトの教育をメス司教アルヌルフに託す。

六二三年　クロタール二世、ランス地方とアキテーヌのアウストラシア領をネウストリアに併合。

六二四年　クロタール二世、息子ダゴベルトをペピンとアルヌルフの補佐のもと、アウストラシア人の王とする。

《アウストラシア》ダゴベルト、反逆を企てたバイエルンの豪族クロドアルド処刑。

◇六二五年、サン＝リキエ大修道院建立。*

*創設者リキエはポントゥー伯の息子。古くはこの町を取り囲んでいた一〇〇基の塔にちなみ、「サンテュル」と呼ばれた。のちにシャルルマーニュの時代にカロリング・ルネサンスの文化活動の中心となる〔訳注〕。

六二六年　《アウストラシア》ダゴベルト、クロタール二世よりシャンパーニュ奪回。

六二六～七年頃　ブルゴーニュ宮宰ヴァルンハール死、後継者なし。

六二九年　《ネウストリア》クロタール二世死。ダゴベルトの異母弟カリベルト、新王に選ばれる。

六三〇年　ダゴベルト、ブルゴーニュついでネウストリアに支配権を及ぼす。ブルゴーニュ貴族に軍事的自治権を認める。ネウストリア宮宰にアエガを任命。カリベルトのためにアキテーヌに侯国を建設。ダゴベルト、ペピンとともにパリ居住。

◇六三〇年頃、ダゴベルト、ナンテヒルデを娶るため、ゴナトリューデを離婚。

六三一年　ダゴベルト、ビザンツ帝国に使節を送る。ヘラクリウス帝とのあいだに恒久平和条約締結。

六三二年　《アウストラシア》サモ率いるウェンド人〔ボヘミアのスラヴ系住民〕に敗北を喫したのち、ダゴベルト、三歳の息子ジギベルト三世をケルン司教クニベルト、アウストラシア侯アルダゼジルの補佐のもとに王位につける。

◇六三二年頃、エリギウス、ソリニャック大修道院建立。

六三三年　ダゴベルト、後継者指名（アウストラシア→ジギベルト三世、ネウストリア・ブルゴーニュ→クロヴィス二世）。
◇六三五年頃、サン＝ドニの修道士に大聖堂の脇での市開催・収益取得許可。
◇六三八年頃、エリギウス、サン＝ドニの聖遺物函完成。

六三九年　1／19ダゴベルト、サン＝ドニで死。クロヴィス二世、母ナンテヒルデと宮宰アエガ後見のもと、ネウストリア・ブルゴーニュ王に、ジギベルト三世はアウストラシア王となる。

六四〇年　《アウストラシア》宮宰ペピン死。あとを継いだオットーも直後に対アラマン戦で死。シギベルト三世、チュリンゲン侯ラデュルフに敗北。
◇ペピン未亡人、ニヴェル大修道院建立。
◇六四〇年頃、最初のバイエルン法制定。

六四一年　《ネウストリア》宮宰アエガ死。アルキノアルド後継（→六五八年）。

六四二年　《ブルゴーニュ》オルレアンで諸侯会議。ダゴベルト妃ナンテヒルデ、宮宰職再興、フラコアドを任命（→六四三年頃）。宮宰に叛逆した貴族（パトリキウス）ヴィルバード、シャロンで敗死。

六四三年　《アウストラシア》ランデンのペピン息子グリモアルド、宮宰に任じられ、息子キルデベルトを子供のないジギベルト三世の養子とする。
◇ロンバルド法制定。
◇六四九年、ヴァンドルギジルス、フォントネル大修道院（のちのサン＝ヴァンドリル）創設。

六五一年　◇六五〇年頃、聖女ムールムルの聖遺物函。
◇六五〇年以降、領主領の形態、ブルゴーニュやセーヌ渓谷、ロワール中流域で広まる。
《ネウストリア》クロヴィス二世、宮宰アルキノアルドのアングロ・サクソン人奴隷バティルダを娶る。

六五二年頃　◇サン＝ベルタン大修道院、サン＝トメールに設立。6／27サン＝テニャン修道院長レオデボデュスの寄贈（のちのサン＝ブノワ＝シュール＝ロワール）。

《アウストラシア》ジギベルト三世の息子ダゴベルト二世誕生。
◇六五三年《ネウストリア》クロヴィス二世、サン＝ドニ大修道院に免税特権を与える。
◇六五四年、《ネウストリア》フィリベルトゥス、ジュミエージュ大修道院建立。王妃バティルダの寄進。
六五六年　《アウストラシア》2／1ジギベルト三世死。宮宰グリモアルド、ダゴベルト二世をアイルランドに追放し、息子キルデベルト（国王養子）を王座につける（↓六六二年）。
六五七年　《ネウストリア》《ブルゴーニュ》（秋）クロヴィス二世二十三歳で死。長男クロタール三世（七歳）、母バティルダの後見のもと即位。
六五八年頃　《ネウストリア》宮宰アルキノアルド死。エブロイン後継。
六五八年以降　エブロイン、トゥルーズ侯領を貴族（パトリキウス）フェリクスに委ねる。
◇六五八〜六〇年頃、偽フレーデガルによる『フランク王国年代記』第四巻成る。
◇六五九〜六〇年頃、王妃バティルダ、シェルおよびコルビ大修道院建立。
六六二年　《アウストラシア》宮宰グリモアルドとその息子キルデベルト王、ネウストリアの諸侯より排斥される。クロタール三世弟キルデリック二世、叔母ヒンメキルデの後見のもと、アウストラシア王となる。ヴュルフォアルド、宮宰となる。

六六五年頃 《ネウストリア》パリ司教ジギブラント、宮宰エブロインに陰謀を企み、処刑される。連座した王妃バティルダ、シェル大修道院に逃げこむ（そこで六八〇年死）。

◇六七〇年頃、金貨姿を消す。国王官房、パピルスの使用を羊皮紙にかえる。

◇六七〇〜八〇年頃、ジュアール〔セーヌ＝エ＝マルヌ県〕の地下礼拝堂、テオドキルデとアギルベルト（パリ司教）の柩。

◇六七二年、修道士たちがモンテ＝カシーノより持ち帰った聖ベネディクトゥスの遺骸、フルーリに到着。

六七三年 《ネウストリア》《ブルゴーニュ》クロタール三世死。弟テオドリック三世、宮宰エブロインの支持で即位。ブルゴーニュ貴族、オータン司教レオデガリウスおよびその弟のパリ伯ヴァリヌスのまわりに結集し、アウストラシアに助勢を求む。キルデリック二世、テオドリック三世を追放、三王国で唯一人の王となる（→六七五年）。

◇六七三年以降、キルデリック二世、トゥールで銀貨鋳造。

六七四年 《ネウストリア》キルデリック二世、宮宰エブロインをリュクスイユ大修道院に、テオドリック三世をサン＝ドニ大修道院に幽閉。

六七五年 ネウストリア貴族、キルデリック二世を暗殺。《アウストラシア》キルデリック二世ののち、クロタール三世の息子クロヴィス三世継ぐ。《ネウストリア》《ブルゴーニュ》テオドリック三世、オータン司教レオデガリウスの後見により復位。

六七六年　◇六七五年頃、ループス侯、ボルドーに宗教会議召集。*

＊宗教会議の招集は王が行なうのが通例であった〔訳注〕。

《ネウストリア》《ブルゴーニュ》宮宰エブロイン、ルーアン司教ウーアンの助けを得て権力を取り戻す。オータン司教レオデガリウス処刑さる。《アウストラシア》宮宰ヴュルフォアルド、ジギベルト三世（六五六年、アイルランドに亡命）の息子ダゴベルト二世を王位につける。

六七七年頃　ネウストリアとアウストラシアの軍勢、ラングル〔オート＝マルヌ県〕で談合、領土の境界を決める条約締結。

六七九年　《アウストラシア》ダゴベルト二世暗殺、宮宰ヴュルフォアルド、ペピン二世〔ランデンのペピン孫〕に追われる。《ネウストリア》《ブルゴーニュ》宮宰エブロイン、アウストラシアのテオドリック三世への服従を要求。ペピン二世をボワ＝デュ＝フェ〔ラン近郊〕に撃破。

◇六七九～八〇年頃、モワサック大修道院創設。

六八〇年　《ネウストリア》エルメンフロイ、ペピン二世の教唆でエブロイン暗殺。*ヴァラトンあとを継ぐ。

＊この暗殺の直接的な動機は私的なものであったらしい。エルメンフロイは国王側近の税務担当の高官であったが、エブロインによって解任されたうえ、財産没収、さらに生命の危険まで感じたため、エブロインの自宅前で待ち伏せ、刃傷に及んだ。その後彼はペピン二世のところに逃げこんでいる〔訳注〕。

六八六年　《ネウストリア》宮宰ヴァラトン死。娘婿ベルカイル後継。貴族、ペピン二世に助けを求む。

六八七年　ペピン二世、テルトリ〔サン＝カンタン付近〕でベルカイルを破る。テオドリック三世、ペピン二世の後見のもと唯一の王となる。《ネウストリア》《ブルゴーニュ》パリ伯ノルベルテュス、ペピン二世の代理人となる。

六八七年以降　《ブルゴーニュ》ドロゴン（ペピン二世長男）、シャンパーニュ侯となり、ベルカイルの未亡人アンストリューデと結婚、軍司令官就任。

◇『聖アマンドゥス年譜』。

六九〇～五年　ペピン二世、フリースラント〔オランダ・ドイツにまたがる北海に面した地方〕王ラドボードにたびたび遠征軍送る。

六九一年　（春）テオドリック三世死、その子クロヴィス四世即位。

六九五年　（春）クロヴィス四世死、弟キルデベルト三世即位。フリースラント帰順。

◇七〇〇年頃、ポワティエ司教メレバウデ、デュヌの地下墳墓建設。サン＝ドニ大修道院、『フランク人の歴史』執筆開始（→七二七年）、および修道士マルクルフによる『公文書書式集』編纂。リュクスイユ大修道院『典礼書』の彩飾画。

七〇一～二年頃　《ネウストリア》ペピン二世の次男グリモアルド二世、宮宰となる。

七〇八年　《ブルゴーニュ》ドロゴン死、メスに埋葬。

七〇九年以降　アラマン侯ゴドフリードの死後、ペピン二世遠征軍をくり返し送る。

◇七一〇年以降、パリ、サン＝マルタン・デ・シャン大聖堂建設。

七一一年　キルデベルト三世死。子ダゴベルト三世後継。

七一四年　《ネウストリア》宮宰グリモアルド二世、リエージュのサン＝ランベール教会で暗殺さる。《アウストラシア》ペピン二世、六歳の孫テオドバルトを宮宰の後継者として認めさせる。12／16ペピン二世死。妻プレクトリュード、庶子シャルル・マルテルを投獄。*

＊ペピン二世は生前、二人の息子ドロゴンとグリモアルドが親に先立って世を去っているため、幼い孫を自分の後継者にする手配をしておいた。ドロゴンの息子アルヌールとユーグはアウストラシアの宮宰に、グリモアルドの子テオドアルドはネウストリアの宮宰にして、彼の妻プレクトリュードが彼らの後見をつとめることになっていた。しかし彼は六八八年頃に「気高く美しい」愛人アルパイドとのあいだに生まれたシャルル・マルテルの存在を忘れていた。「美男子でたくましく、戦のたくみな」この庶子は、アーヘンで投獄の憂き目に会うものの、脱獄に成功するやたちまち王国を制圧し、みずからはアウストラシア宮宰となり、ネウストリアのキルペリック二世に対抗するため、出自のあやしいクロタール四世を擁するに至る〔訳注〕。

七一五年　ダゴベルト三世死。ネウストリア宮宰ラインフロワ、キルデリック二世の子キルペリック二世を登座させる。《アウストラシア》9／26ネウストリア貴族と闘争中のペピン二世未亡人プレクトリュード、サン＝ジャン・ド・キュイズ〔現サン＝ジャン・オ・ボワ、コンピエーニュ近郊〕で敗北。《フリースラント》ラッドボート王によって引きおこされた一斉反乱。

七一六年　《アウストラシア》プレクトリュード、フリースラント人と組んだネウストリア貴族に財宝の取り分を引渡す。《フリースラント》脱獄したシャルル・マルテル、ラドボード王に敗北。ついでアンブレーヴ〔リエージュ東南二〇キロメートル〕にネウストリア軍を破る。

七一七年　3/28シャルル・マルテル、ヴァンシ〔セーヌ＝エ＝マルヌ県〕にネウストリア軍撃破。義母プレクトリュードよりケルンを奪い、アウストラシアを制圧。ペピン二世妻プレクトリュード死。

七一八年　シャルル・マルテル、サクソン人に対する遠征。

七一九年　10/14シャルル・マルテル、ネウストリア・アキテーヌ侯ユード連合軍をネリ〔コンピエーニュ南南西一五キロメートル〕に撃破。ユード侯、キルペリック二世とその財宝を奪取。宮宰ラインフロワ、アンジェでほぼ独立した公国建設。《フリースラント》ラドボード死後、シャルル・マルテル、フリースラント征服。スペインから来たアラブ人、ナルボンヌ占領。

七二〇～一年頃　アキテーヌ侯ユード、侯の称号の認証を条件にキルペリック二世と財宝をシャルル・マルテルに返還。シャルル・マルテル、キルペリック二世をフランク人の王として認める。《ザクセン》シャルル・マルテルによる報復攻撃（＋七二二年、七二四年、七三八年）。

七二一年　キルペリック二世死、テオドリック四世（ダゴベルト三世子）即位。アキテーヌ侯ユード、トゥルーズ攻囲のアラブ軍撃退。

七二三年　シャルル・マルテル、異母弟ドロゴンの息子たちを幽閉。

七二五年　アラブ軍、オータン急襲。《バイエルン》シャルル・マルテル、バイエルン侯ユゴベルトへの遠征（＋七二八年）。

七三〇年頃　《アレマニア》ラントフリード侯死。侯領、シャルル・マルテルに帰属す。

七三一年　ネウストリア元宮宰ラインフロワ死。シャルル・マルテル、アキテーヌ侯ユードのもとへ遠征。

七三二年　アキテーヌ侯ユード、ボルドー前方でアラブ軍に敗北。アラブ軍、ポワティエに至る。10/25シャルル・マルテル、ポワティエ近郊ムーセでアブド＝エル＝ラーマン率いるアラブ軍撃退。

七三三年　リヨン、ブルゴーニュ、シャルル・マルテルに帰服。

七三四年　《フリースラント》シャルル・マルテルの海上遠征。ライン川左岸のフリースラント、ラ・ボルヌの戦いでのブーボ王の戦死後帰順。

七三五年　《アキテーヌ》ユード侯死。シャルル・マルテル、ボルドーを占領、ただし臣従の誓いを条件にユード侯息子ユナルドの後継を承認。

七三六年　シャルル・マルテル、プロヴァンス遠征。プロヴァンス人、アラブ人に救援求む。

七三七年　テオドリック四世死。シャルル・マルテル、プロヴァンス、セプティマニア遠征（＋七三九年）*。

＊七一六年、行動の自由を取り戻したシャルル・マルテルは遠征につぐ遠征に東奔西走の日々を過し、なかでも七三二年のアラブ軍撃退を好機に南フランスの征服を果たす。それまでローマ的性格を色濃くとどめていたプロヴァンス地方もアラブ軍に勝るとも劣らないフランス勢の略奪と虐殺の「大槌（マルテル）」のもとに打ちのめされる。テオドリック四世が若くして亡くなったのち、シャルル・マルテルはもはや後継者を探すこともなく、自身が王座に昇る必要もなかった。王なき王国の宮宰である彼はすでに教皇から「副王（スプレグルス）」と呼ばれるに至っていた〔訳注〕。

七三九年　教皇グレゴリウス三世、ロンバルド人の叛逆に対しシャルル・マルテルの介入要請、聖ペトロの墓の鍵と鎖を提供する。

七四一年　10/22シャルル・マルテル死、於キエルジ〔ラン西三五キロメートル〕。支配圏三分される（アウストラシア・ゲルマニア→カルロマン、ネウストリア・ブルゴーニュ・プロヴァンス・アキテーヌ→ペピン三世、グリフォン→各地に分散）。（末）カルロマン・ペピン、グリフォンを幽閉のうえ、新分割を行なう（ゲルマニアおよびパリ―ソワソン線上より北の土地すべて→カルロマン、ネウストリア・メス・トリーア→ペピン三世）。《アキテーヌ》ユナルド侯、カルロマン・ペピンに帰順（七四五年、レ島の修道院に隠棲）。◇七四二年、大ペスト禍（以後十四世紀までペストは西ヨーロッパに出現しない）。

七四三年　カルロマン・ペピン、キルペリック二世の子キルデリック三世（サン=ベルタン修道院の僧）を王位につける。《バイエルン》オディロン侯（カルロマン・ペピンの姉ヒルトリューデの夫）、フランクの支配的立場を肯定。

七四四年　ペピン三世、ラン伯カリベルトの娘ベルテと結婚。◇3/3ペピン支配下の貴族、司教、ソワソンで集会。ペピン、全司教区での市開催を命令。

七四六年　《アレマニア》テオデバルド侯、カンシュタット〔ストゥットガルト近郊〕でカルロマンに敗退後、侯国はフランクの二伯領に分割。

七四七年　カルロマン、ローマ教皇ザカリアスのもとモンテ・カシーノに隠退。ペピン三世、弟グリフォンを釈放させる。

七四八年　《バイエルン》オディロン侯の死後、ペピン三世、甥タシロン三世を侯として推す（↓

七八八年）。

七四九年　ペピン、グリフォンにル・マン侯領を与え、ブルターニュへの備えとする。

七五一年　◇ペピン付司祭フュルラド、サン＝ドニ大修道院長就任。

キルデリック三世、退位のうえサン＝ベルタン大修道院に戻される（七五五年、同院で死）。その子テオドルフ、フォントネル大修道院入り。十一月、フランク人総会にてペピン、王に選ばれる。ペピン、教皇特使の手で聖油を施される。*

＊小柄であったために「短軀王」と渾名されているペピン三世は、王位につくとたちまちアキテーヌ、アレマニア、バイエルンでの反乱を鎮圧して王の権威を示す。さらにキルデリック三世退位の正当性について教皇の見解を求めると、ロンバルド人の脅威にさらされ、教会の守護者を探していた教皇は、「王権を行使できない者をどうして王と呼ぶことができようか」と、ペピンへの全幅の支持を表明した〔訳注〕。

◇七五一年以降、行政担当の国璽尚書廃され、大法官に代る。

第二章　カロリング朝（七五一〜九八七年）

七五二年　《セプティマニア》ペピン三世、第一回遠征。《イタリア》ラヴェンナを占領したロンバルド人の王アイステュルフ、ローマ進軍準備。

七五三年　ル＝マン侯グリフォン死。
◇7/8ペピン、サン＝ドニ大修道院に十月九日の市での市場税徴集を許可。

七五四年　1/6ペピン、教皇ステファヌス二世をポンテューに迎える。四月「キエルジの集会」（イタリア遠征に関する貴族の合意）。（夏）アイステュルフ、パヴィアで包囲され、ラヴェンナ返還を約す。教皇、ローマに戻る。
◇七五四〜六年頃、メス司教クロデガング、メス大聖堂参事会員に共同生活を課す。
◇七五五年、五月動員（シャン・ド・メ）を三月動員（シャン・ド・マルス）に変更。ペピン、ドニエ銀貨鋳造を規制。七月、クロデガング、ヴェール宗教会議を主宰。

七五六年　《イタリア》ペピン第二回遠征。アイステュルフ死、トスカナ侯ディディエ後継。
◇ヴェルブリ宗教会議。
◇七五六年頃、十分の一税創設（各自収入の十分の一を聖職者に納付）。

七五七年　コンスタンティヌス五世、東ローマ皇帝のもとに使節団派遣。バイエルン侯タシロン、

七五八年　ペピンに臣従礼を行なう（於コンピエーニュ）。
◇コンピエーニュ宗教会議。

七五九年　《ザクセン》ペピン、ミュンスター近郊でザクセン人を撃破。

七六〇年　《セプティマニア》ペピン第二回遠征。
《アキテーヌ》ペピン第一回遠征（↓七六八年まで毎年）。
◇七六〇年頃、メスのサン＝ピエール＝オ＝ノネン教会内陣仕切り。

七六一年　アキテーヌ侯ヴァイフル、オータン・シャロンを急襲（＋七六五年、リヨン）。
◇七六二年、アティニ宗教会議、司教と修道院長の合同祈禱会を創設。
◇七六三年頃、サン＝ドニ大修道院の僧によるサリカ法典編纂。

七六七年　ペピン、アッバース朝カリフ、アル＝マンスールの使者をメスで引見。
◇ジャンティイ宗教会議で東方教会とフランク王国の司教、聖画像礼拝の件について検討。

七六八年　《アキテーヌ》六月、ネウストリア宮宰ヴァラトン、ヴァイフルを暗殺。アキテーヌ、ペピンに帰順。* 9/24ペピン三世死。王国の二分割（アウストラシア・ネウストリア・ガスコーニュ・フリースラント・チュリンゲン（首府ノワイオン）↓カロルス（＝シャルルマーニュ）、中央山岳地帯・ラングドッグ・プロヴァンス・アルザス・アレマニー・パリ地方（首府ソワソン）↓カルロマン）。
◇サントの王令はアキテーヌの貴族に対するローマ法の適用を許容している。

＊ユナルド侯の隠遁後もその子ヴァイフルはペピンの侵攻を八年のあいだ果敢に防いだが、武運つたなく身をひそめていた森のなかで、おそらくはペピンの教唆をうけた臣下の手に掛かって暗殺された〔訳注〕。

七六九年　《アキテーヌ》貴族の蜂起。ユナルド侯、ガスコーニュ侯ルーによりシャルルマーニュに引渡される。

七七〇年頃　トゥール、アンジェ、レンヌ、ヴァンヌの町を含む辺境地帯の制定。

七七一年　12/4カルロマン死。シャルルマーニュ、彼の領土を併合。未亡人ゲベルゲとその子ペピン、ロンバルディア王デジデリウスのもとに亡命。

七七二年　《イタリア》新教皇ハドリアヌス一世、シャルルマーニュと同盟。デジデリウス、教皇領へ遠征。《ザクセン》シャルルマーニュ、第一回遠征（→七八七年まで毎年）。ヘレスブルグ要塞奪取、イルミンスルの偶像神異教徒の神殿破壊。

七七三年　《イタリア》教皇の要請を受け、フランク軍アルプスを越え、ヴェローナ占領。九月、パーヴィア攻囲。

七七四年　《イタリア》四月、シャルルマーニュ、ローマで復活祭を迎える。六月、パーヴィア降服。デジデリウス、コルビ〔アミアン近郊〕の修道院で出家。6/5シャルルマーニュ、「フランク人とロンバルド人の王〔レックス・フランコールム・エト・ロンゴバルドールム〕」と称す。
◇シャルルマーニュ、ローマよりカロリング朝の教会法の原点となる『ディオジュアス・ハドリアヌス全集』を持ち帰る。

七七五年　シャルルマーニュ、ウェストファリアおよびオストファリア貴族の臣従礼を受ける。
◇2/24フルラド、サン＝ドニ大修道院の新聖堂を完成。
◇七七五年頃、コルビ大修道院で『アミアン聖書』作成。

七七六年　《ザクセン》ザクセン人、フランク王国への帰属とキリスト教への改宗を約す。《イタリア》フリウリ〔ヴェネチア〕侯帰順。北イタリアでの伯領整備。

七七七年　シャルルマーニュ、コルドバのエミールに叛いたサラゴッサ総督をパーデルボルン〔北ウェストファリア〕に引見。

七七八年　《プロヴァンス》伯の統制、治世ぶり調査のための巡察使（ミッシ）派遣。《スペイン》パンペルーナ占領、サラゴッサ攻略失敗。8/15シャルルマーニュ軍撤退途上、ガスコーニュ侯ルーの配下、ピレネ山中ロンスヴォー谷で後衛軍を殲滅。*

*この事件が、一一〇〇年頃に成立したとされている、最古にして最高の武勲詩『ローランの歌』の素材となっている。作品では、侵略者であるシャルルマーニュは神の理想を実現する使徒に、殿軍の敗軍の将ローランは殉教者に、キリスト教徒のバスク人は異教徒のサラセン人に各々置きかえられている〔訳注〕。

◇七七九年、ヘルスタン法令集のなかに、はじめて「国王巡察使（ミッシ・ドミニキ）」の語登場。

◇七七九年以降、《アキテーヌ》ベリ、ポワトゥー、ペリゴールにフランク人伯配置。

◇七八〇年頃、カロリング朝小文字整備。*

*トゥールのサン＝マルタン修道院を中心に行なわれた文字の改良運動から、丸みのある一字一字がはっきりとした輪郭をもっているカロリング朝書体の小文字が生まれた。これはわれわれがこんにち印刷文字の活字としてみるものの原形である〔訳注〕。

七八一年　シャルルマーニュの息子ルドヴィヒのため、アキテーヌを王国とする。《イタリア》シャルルマーニュ、教皇に息子ペピン（イタリア王）、息子ルドヴィヒ（アキテーヌ王）の聖別を依頼。

七八二年

◇七八一年頃、通貨改革*。

＊ローマ以来の一スー＝四〇ドニエを廃して、一リーヴル＝二〇スー、一スー＝一二ドニエ（つまり一リーヴル＝二四〇ドニエ）の換算率を確立した。この換算率は、ほぼ中世の全時代にわたり通用することとなる〔訳注〕。

《ザクセン》ヴィデュキントの指導のもと、一斉蜂起。報復としてヴェルダンでザクセン人四五〇〇人虐殺。《チュリンゲン》ソルビア人〔東ドイツのスラブ人〕への遠征（＋八〇六年）。

◇七八二年以前、教皇ハドリアヌス一世、ランス司教にパリウム〔祭服〕贈る。

◇七八三年、シャルルマーニュ母ベルト死。

◇七八三年頃、シャルルマーニュ妃ヒルデガルドの『福音書抄録集』、写字生ゴデスカルクの手により完成。

七八四年

《ザクセン》再遠征、シャルルマーニュ現地で越冬。

◇サン＝ドニ大修道院長フルラド死、アンギルラム後継。

七八五年

《ザクセン》ヴィデュキント降服、アティニ〔アルデンヌ県〕で受洗。《スペイン》ルドヴィヒ、セルダーニュ〔フランスとスペインにまたがる地方〕、ゲローナ〔カタルーニャの都市〕、ウルゲル〔同上〕占領。

◇最初のザクセン法令集『サクソニア法』。

◇七八五年頃、アルクイヌス、宮廷学校を設立*。

＊シャルルマーニュは自分の家庭教師であるアルクイヌスを中心に宮廷学校（アカデミア）を作った。王とその家族、有力貴族の子弟、高位聖職者などが学生となり、彼らは仲間同士ではあだ名で呼

びあった（シャルルマーニュはダヴィデ、アルクイヌスはホラティウスを名乗った）。教師は文法をはじめ、歴史、神学、論理学から天文学まで教えた。アルクイヌスの教育理念は知識の習得そのものではなく、聖書の理解を通して英知を磨き、神へ至る段階まで自己を高めることにあった〔訳注〕。

七八六年　《イタリア》シャルルマーニュ、ベネヴェント〔南イタリアの地方〕まで南下、人質および金貨七〇〇〇スーを受領。
◇自由人による服従の誓約（＋七九二年）。

七八七年　《アキテーヌ》バスク人の長アダルリクス、オーシュで反乱。《イタリア》ベネヴェント侯アリシス死、グリモアルド後継。《バイエルン》10／3タシロン侯および有力貴族、臣従の誓約。
◇七八七年以降、パウルス・ディアクル『ロンバール人の歴史』。

七八八年　《バイエルン》タシロン侯、アヴァール人と連盟して反乱、インゲルハイム会議で退位、ジュミエージュ大修道院に幽閉。侯領は細かく伯領に区分され、シャルルマーニュの義弟ゲロルド総督の管理下に置かれる。
◇七八八年以降、『フランク人王の年代表』。

七八九年　ル＝マン侯領の組織。
◇三月、『諸事御定書』。シャルルマーニュ娘婿アンギルベルト、サン＝リキエ大修道院俗人院長就任。

七九〇年　アングル人〔イングランド定住のゲルマン人〕の王のもとにアルクイン派遣。
（八〇四年以前）《ラングドック》トゥルーズ地方、セプティマニアから成る辺境領設定、ギヨーム侯に委託。

◇七九〇年頃、サン＝リキエ大修道院付属教会建設（→七九九年）。

七九一年　シャルルマーニュ、アヴァール人のもとに第一回遠征。

◇聖画像破壊運動に関する法令集『聖画像について』または『カロルスの書』。

七九二年　シャルルマーニュの庶子、佝僂のペピン反乱。

◇ラティスボンヌ宗教会議。

七九三年　《ラングドック》コルドバのエミール（イスラム教太守）、ナルボンヌ急襲。《ザクセン》暴動再発。

◇七九三年頃、ライン川、ダニューブ川を結ぶ運河建設計画。

七九四年　フリースラント、ザクセンへの再遠征。《バイエルン》タシロン侯、フランクフルト宗教会議で権力の座を去る。

◇法令で、ある種の産物の価格を限定。《アーヘン》ユード・ド・メスによる宮殿建設開始（礼拝堂は八〇五年に奉献）。

七九五年　イタリア王ペピン、アヴァール人のもとに遠征。

七九六年　ペピン、アヴァール人のもとに再遠征。（移動要塞（リング）の破壊、財宝の没収）。

シャルルマーニュ、東部の辺境国建設。

◇トゥール、サン＝マルタン大修道院長アルクイヌス、学校、写経室（スクリプトリウム）を組織。

◇七九六年以前、マーシ〔アングロ・サクソン七王国の一つ〕王オファとの通商条約締結。

七九七年　《ザクセン》シャルルマーニュ、エルスタル〔ベルギー、リエージュ近郊〕の陣営で越冬。ザクセン、フランク王国に併合。
◇十月、新ザクセン法令集でフランク人とザクセン人の漸進的平等化を規定。

七九九年　《ブルターニュ》ブルターニュ辺境領主ギによる周辺への遠征。《ヴァンデ》スカンジナヴィアより南下のヴァイキングによる第一回襲来。《バイエルン》シャルルマーニュ義弟ゲロルド死。シャルルマーニュ、総督二名を任命。《イタリア》4/25教皇レオ三世、ローマを去り、シャルルマーニュのもと、パーデルボルン〔ウェストファリア〕に身を寄せる。

七九九年以降　《ザクセン》サクソン人の大量追放、フランク人の入植。アヴァール人、再び反乱。
◇六月、アルクイヌス、シャルルマーニュに皇帝空位に関する書翰を送る。
◇七九九年頃、リヨン、メス地域での司教区制定。

八〇〇年　シャルルマーニュ、領土の北辺を視察。《イタリア》(秋) シャルルマーニュ、イタリア訪問。12/23教皇レオ三世、教会会議で告発されている罪状について潔白の宣誓を行なう。* 12/25シャルルマーニュ、教皇レオ三世より皇帝の冠を戴く。**
◇エルサレム大主教、シャルルマーニュに聖墓教会の鍵を贈る。

* 教皇によって奪われてしまった影響力を取り戻そうとしたローマ貴族の一党派が教皇の品行を非難する声を挙げ、七九九年四月には聖マルコの祝日（四月二十五日）の祭式に向かう教皇を襲い暴行を加えたうえ、修道院に監禁する事件が起こった。この問題の最終的決着を願い、「教会の頭（かしら）の救済と教皇座の権威とカトリック信仰の統一」のため、シャルルマーニュは八〇〇年十一月、五回目のアルプス越えを行なうのである〔訳注〕。

** 十二月二十五日午前、クリスマスのミサの始まる前、聖ペトロの墓にぬかずいていたシャルルマーニュが身を起こしたとき、レオ三世が彼の頭に皇帝の冠を載せた。群衆の歓呼のなか、教皇は皇帝の前に臣従のしるしを示すためひざまずいた（これは教皇が皇帝に対して行なった最初で最後の臣従礼である）〔訳注〕。

◇八〇〇年以前、アブヴィルの『福音書抄録集』。

◇八〇〇年頃、法令集『クルティス・インペリイ』。

八〇一年

5／29シャルルマーニュ、皇帝を称す。《スペイン》ルドヴィヒ、バルセロナ占領。

◇八〇二年、帝国内の自由人に忠誠の誓約を求める目的で巡察使の派遣を定める法令集ではシャルルマーニュの皇帝としての義務が強調されている。

八〇三年

《ザクセン》ザルツの和平締結。

◇いっさいの商行為の公開を求める法令。

八〇四年

《スペイン》バルセロナ周辺に辺境領設置。

八〇五年

アヴァール人の汗（カガン）、受洗。中央および南部スラヴ人への遠征（＋八〇六年）。

◇ティオンヴィル法令集は自由人の軍務を義務づける（＋八〇七年、八〇八年）。シャルルマーニュ、通貨鋳造権の独占を再確認（＋八〇八年）。

八〇六年

2／6ティオンヴィル会議。シャルルマーニュ、三人の息子への王国三分を準備。《イタリア》ヴェネチア、ダルマチアへの敵視の始まり（→八一〇年）。

◇三月、ネイメーヘ法令集、高利貸し、投機を禁止。

◇八〇七年、アーヘン、シャルルマーニュの居住地となる。フルーリ大修道院長テオデュルフ、ジェルミニ・レ・プレ教会建設開始。

◇八〇九年、アーヘン宗教会議、会議録には「聖霊は父と子より発する」のであって、「子によって父より発する」のではないと明記。

八一〇年　《イタリア》ペピン王死。《フリースラント》デンマーク人来襲。シャルルマーニュ、ブローニュ、ガンで戦艦を建造。

◇家畜伝染病、帝国内に蔓延。シャルルマーニュ、天文学、教会暦法の概説書を執筆させる。ラバン・モール『聖十字架賛辞』。

八一一年　シャルルマーニュ子メーヌ侯若シャルル死。シャルルマーニュ庶子佝僂ペピン死。

シャルルマーニュ遺言書。《ビザンツ》トゥール伯ユーグ、大使として派遣さる。

八一二年　《イタリア》シャルルマーニュ、東ローマ皇帝ミカエル一世に自分の西ローマ皇帝の称号承認と引きかえにヴェネチア、ダルマチアを返還。ペピンの子、ベルナルドルス、イタリア王に指名さる。

八一三年　9/11シャルルマーニュ、ルドヴィヒを共同統治者に挙げ、皇帝として戴冠させる。

◇マイアンス、トゥール、ランス、シャロン、アルルの五宗教会議開催。（秋）会議録に五宗教会議決議事項採録。

八一四年　1/28シャルルマーニュ死。子ルドヴィヒ敬虔王後継。

◇ノワイオン宗教会議。

八一六年　ルドヴィヒおよびその妻エルマンガルド、ランスで教皇ステファヌス四世に聖別さる。

◇（夏）第一回アーヘン宗教会議（教会参事会員の身分を規定）。

◇八一六～三五年頃、『ユトレヒト詩篇集』。

八一七年　六月、ルドヴィヒ（ルイ）敬虔王、「帝国整備令」で次代を準備する（ロタール→皇帝、ルイ→バイエルン王、ペピン→アキテーヌ王、ベルナール（ルイ敬虔王の甥）→イタリア王（ただしロタールの監督下））。《イタリア》ベルナール、反逆を企てるが敗れ、目をえぐられる（八一八年、死）。

◇七月、第二回アーヘン宗教会議、全修道院に聖ベネディクトゥスの規則を採用させる。アルクイヌスの弟子、アニアンのベネディクトゥス、エギンハルト、ロタールの養育係となる。

八一九年　妻エルマンガルドの死（八一八年）に伴い、ルイ敬虔王ユディトと再婚。

◇ラバン・モール『聖職者提要』。

◇八一九年以降、サン＝ドニ大修道院長イルドゥイン『フランク王年代記』。

八二〇年　ヴァイキング、ノワルムーティエ大修道院へ来襲。

八二〇年頃　八一六年に追放処分を受けていた、アダラール、ウァラ、ドロゴン、ユーグ（シャルルマーニュの子、従兄弟）召還される。

◇八二〇〜九年頃、『サン＝ジェルマン・デ・プレ大修道院財産目録』（別名、修道院長の名にちなみイルミノン財産目録）。

八二一年　（春）列侯会議、於ネイメーヘ（オランダ）。（秋）第二回列侯会議、於ティオンヴィル（「帝国整備令」遵守を誓約）。

八二二年　アティニの公開改悛、ルイ敬虔王はみずからのあやまちを告白し、諸侯にも同じように振舞うことを奨めた。* ロタール、イタリア行き（→八七五年）。

◇ランス大司教エボン、デンマークに使する。

＊ルイ一世敬虔王は、とりわけ彼に反逆を企てた甥ベルナールへの処置を悔やんでいた（八一七年、八一八年）〔訳注〕。

八二三年　6／13、ルイ敬虔王とユディトの子シャルル誕生。《イタリア》（復活祭）ロタール、ローマで教皇パスカリス一世より皇帝の冠を戴く。

八二四年　新教皇エウゲニウス四世、ルイに忠誠を誓う。

◇八二五年、パリ宗教会議。

八二六年　《スペイン》セプティマニア侯ベルナルド、コルドバ太守の攻囲するバルセロナ解放。ベルナルドへの助勢を拒否したトゥール伯ユーグ、オルレアン伯マトフリドの伯領没収。デーン人（デンマルク人）首領ハラルド、インゲルハイム〔マイツ近郊〕で受洗、ルイ敬虔王に臣従。

◇八二六年頃、エインハルドゥス『カロルス大帝伝』＊。

＊『カロルス大帝伝』（国原吉之助訳・注）、筑摩書房、一九八八年〔訳注〕。

◇八二六〜三〇年、エルモルド・ル・ノワール『ルドウィヒ皇帝を讃える歌』。

◇八二七年、ルイ敬虔王、サン＝ドニ大修道院に東ローマ皇帝より贈られた『偽聖ドニ伝』の写本寄贈。

◇八二八年、商人のための法令。

八二九年　ヴォルムス会議（ルイ王、末子シャルルにアレマニア、ラエティア、アルザスおよびブルゴーニュの一部を与えることにする）。

◇第二パリ宗教会議（ルイ敬虔王への司教団の忠告）。リヨン、トゥルーズ、マイアンスでの宗教会議。

八三〇年　四月、ブルトン人のもとへ遠征、ノミノエ、ヴァンヌ伯に指名。ヴァラの指揮下、諸侯反乱。セプティマニア侯ベルナルド、皇妃ユディトとの密通の疑い生ず。ルイ敬虔王、失脚。ロタール、イタリアより戻り、後継。*

*ルイ王と後妻ユディトの子シャルル（将来の禿王）への領土贈与をめぐって、先妻との三子（ロタール、ルイ、ペピン）や諸侯のあいだに不和、不満が生じ、度重なる反乱、蜂起を招いた。列侯会議はルイを皇帝の座より罷免するに至った〔訳注〕。

◇八三〇年頃、オルレアン司教ジョナ、マトフリド伯のために『一般信徒提要』叙述。

◇八三〇年以降、ルー・ド・フェリエール『書簡集』。

八三一年　ネイメーへ会議、ルイ敬虔王、ペピンおよびバイエルンのルドヴィヒに支持され復位。二月、ペピン、バイエルンのルドヴィヒ、シャルル間で帝国再分割の準備。ロタールはイタリアを保持。

◇八三一〜三年、コルビ大修道院長パスカズ・ラドベール『キリストの血と肉体について』。

八三三年　6/30アルザス「嘘りの野」におけるルイ敬虔王とその子供たちの会見。臣下に見限られ、ルイ敬虔王、修道院に幽閉さる。*10/7ソワソン会議、ルイ敬虔王、自己のあやまちを認める。

*「嘘りの野」の場所はコルマールの近郊であったとされている。反逆した息子たちの軍勢にここで囲まれたとき、ルイ王は味方の軍勢からも見捨てられ、孤立を余儀なくされた〔訳注〕。

◇八三三年頃、オルレアン司教ジョナ、ペピンに『君主提要』を献じる。

八三四年　ルイ敬虔王の息子たちの争い（ペピン、バイエルンのルドヴィヒ対ロタール）。ロタール敗北。3/1ルイ敬虔王、改めてメスで聖別される。ユード・ドルレアン率いるルイ王派軍勢、ロタール派ランベールにより壊滅。《フリースラント》ヴァイキング来襲続く（→八三七年）。
◇八三五年頃、サン＝ドニ大修道院での『ダゴベールの事跡』編集。
◇八三六年、ヴァイキングに悩まされ、ノワルムティエの修道士、聖フィリベールの聖遺物をもって退去。

八三七年　於アーヘン会議、ルイ敬虔王、シャルルにムーズ、ブルゴーニュの全領土を付与。

八三八年　ペピン死後、ルイ敬虔王、シャルルにアキテーヌ付与。九月、シャルル禿頭王、キエルジ〔ラン西三五キロメートル〕で戴冠。

八三九年　5/30ヴォルムスの贈与。ルイ敬虔王はロタール、シャルル間での帝国分割を予見。バイエルンのルドヴィヒは自己の領土保持。

八四〇年　ルイ敬虔王、マイアンスに死す。ロタールは彼の取分を主張。
◇八四〇年頃、エモン、オーセールのサン＝ジェルマン学校の校長。

八四一年　（春）ロタールに対抗するため、バイエルンのルドヴィヒとシャルル禿王の同盟。6/25ロタール、甥のアキテーヌのペピン二世と同盟を結ぶが、フォントノワ・アン・ピュイゼ〔オーセル西南三〇キロメートル〕にてルドヴィヒ・シャルル連合軍に敗北、アーヘンに亡命。ルーアンへのノルマンの急襲。
◇ニタール『ルイ敬虔王の息子たちの歴史』。
◇八四一年頃、ラストロノム『ルイ敬虔王伝』。

八四二年

◇八四一年以降、オーセール、サン＝ジェルマン大修道院附属教会の建設（↓八六五年）。2／14「ストラスブールの誓文」、バイエルンのルドヴィヒとシャルル禿王が相互援助を誓約。軍事的勝利ののちアーヘン占領。6／15〜16マコンで三兄弟の和解予備交渉。十一月、コブレンツ、ティオンヴィルの会談、休戦締結。12／14シャルル禿王、オルレアン伯ユードの娘、イルマントリュドを娶る。カントヴィク〔パ＝ド＝カレ県〕にヴァイキング来襲。アルル、マルセイユ、ベネヴェント〔イタリア、カンパーニュ州〕にアラブ人侵攻。《ザクセン》バイエルンのルドヴィヒによる反乱鎮圧。
◇ニタールが書きとどめた『ストラスブールの誓文』はフランス語（ロマン語）、ドイツ語（テュートン語）の最古のテキストとなっている。*

＊ルイ敬虔王の三人の息子のうち、次男ルドヴィヒと三男シャルルが長兄ロタールに対する相互援助条約を結んだものであるが、同様の試みは八四〇〜六七年のあいだに一三回も行なわれている。『ストラスブールの誓い』の場合、この間の事情は、やはりシャルルマーニュの孫（娘ベルトの子）でシャルルの顧問官であったニタールの『歴史』に詳しい。両侯は各々軍勢を引きつれてストラスブールに会し、兄弟で取りかわした誓約の内容をルドヴィヒはシャルルの軍勢（ネウストリア勢）に彼らの口語であるロマン語で、シャルルはルドヴィヒの軍勢（バイエルン勢）にやはり彼らの口語であるテュートン語で説明し、誓いのことばを述べた。これに対し、将兵の代表が各々彼らの王が誓いを遵守しない場合には主君への協力を拒む旨答辞を述べている。ニタールの記述は当時の唯一の文語であるラテン語でなされているが、なぜか両侯の誓いのことばと兵士代表の答辞の部分だけを彼らが口にした口語のまま記載している。したがって結果的には『ストラスブールの誓約』が、フランス語とドイツ語の最古の文献となっている。「誓文」をとどめている写本は十世紀末か十一世紀はじめのものとされており、ルドヴィヒの発言は八行半に書き残されている。ベルナール・セルキリーニ『フランス語の誕生』（瀬戸直彦／三宅徳嘉訳）、白水社コレクション・

クセジュ、一九九四年〔訳注〕。

◇八四二年頃、デュオダ、『教育論』。

八四三年　4/13王妃ユディト死。六月、ルノー伯、ノミノエ率いるブルトン人に敗北。6/24ヴァイキング、ナント占拠。8/11ヴェルダン条約による帝国三分割（イタリア・ムーズ川とライン川のあいだの地方・ロタリンギア〔のちのロレーヌ州〕および皇帝の称号→ロタール（ロトリンゲン王国）、バイエルン・ラインの東・アルプスの北の地域→ルイ（東フランク王国）、エスコー川からムーズ川・ソーヌ川・ローヌ川に伸びる線以西の土地→シャルル（西フランク王国））。十一月、クーレーヌ会議、シャルル、教会財産の保護と各人の法の尊重を約す。

◇八四三年頃、フロリス・ド・リオン『帝国分割を嘆く哀歌』。

八四四年　《アキテーヌ》ペピン二世の支援を受けた、セプティマニアのベルナールの反乱。6/14アグーの戦い、ペピン二世軍、シャルル禿王を破る。十月、ユス〔メス北三〇キロメートル〕で三兄弟会談、友好関係の維持を約す。

八四五年　（復活祭）ヴァイキング首領ラグナル・ロトブロクによるパリ占拠。シャルルは脱出するために七〇〇〇リーヴル支払う。五月、フルーリ＝シュール＝ロワールの和議、ペピン二世、アキテーヌの君主と認められ、シャルルの支配下に入る。《ブルターニュ》11/22シャルル、ノミノエに敗れる（於バロン〔ル・マン北二〇キロメートル〕）。

◇八四五〜六年頃、トゥールのサン＝マルタン大修道院で『シャルル禿王の聖書』完成。

八四六年　《ブルターニュ》ノミノエ、シャルルの宗主権を認め、レンヌ、ナントの伯領を維持。

八四七年　二月、三兄弟の第二回会談（於メルセン）。
◇八四七年以前、ジャン・スコット・エリジェヌ、宮廷学校の長となる。

八四八年　6／6シャルル禿王、諸侯によってアキテーヌ王に選ばれ、オルレアンで聖別される。
ボルドーにヴァイキング来襲。

八四九年　《アキテーヌ》トゥルーズ、伯によりシャルルに引渡される。カタルーニャを蜂起させたベルナール・ド・セプティマニアの息子処刑。
◇八五〇年頃、メス司教ドロゴンの『典礼書』。

八五一年　《ブルターニュ》ノミノエ死。子エリスポエ、ジュヴァルテル〔アンジェ北二〇キロメートル〕でシャルル禿王を撃破。王の称号を名のるが、臣従義務の誓いを行なう。シャルルの息子の一人、ルイ、エリスポエの娘を娶る。三月、三兄弟、三度目の会談（於メルセン）。
◇ジャン・スコット・エリジェヌ『自然の区分について』。

八五二年　ネウストリア巡察使ロベール・ル・フォール、トゥールおよびアンジェ伯。《アキテーヌ》ペピン二世、捕虜となりソワソンに幽閉される。シャルル禿王、王国を息子の一人、シャルル・ランファンに託す。ロタール、シャルルと会談（†八五五年）。
◇十月、ランス、サン＝レミ大修道院の改修された地下礼拝堂に聖レミの聖遺物安置される。

八五三年　トゥールのサン＝マルタン大修道院、ヴァイキングに焼き討ちされる。《アキテーヌ》反乱諸侯、バイエルンのルイに助勢を乞う。
◇『ソワソン法令集』。

八五四年
《アキテーヌ》ペピン二世の逃亡（↓八六四年、紛争継続）。二月、バイエルンのルドヴィヒに対抗するシャルル禿王とロタール皇帝の同盟。
◇貨幣鋳造権を持つ工房の指名。

八五五年
《アキテーヌ》シャルル・ランファン、リモージュで聖別。2／29ロタール死（於プリュム〔アーヘン南六〇キロメートル〕）。三人の息子による領土分割（イタリア・皇帝の称号↓ルイ二世、フリースラントとジュラ間のロトリンゲン↓ロタール二世、プロヴァンス・ブルゴーニュ、（ただし、ジラール・ド・ヴィエンヌ伯の監督下で）↓シャルル二世）。
◇ヴァランス宗教会議。ボーリュ大修道院建設。

八五六年以降
ヴァイキングの大侵攻：セーヌ川、ロワール川、ジロンド川流域（八五八年、ナント近郊オセル島定住）。

八五七年
《ブルターニュ》エリスポエ死、暗殺者の従弟サロモン後継。

八五八年
三月、キエルジ会談：シャルル禿王、クレーヌ（八四三年）での約束を再確認。ヌーストリア巡察使、アンジェ伯ロベール・ル＝フォールとサンス司教ガヌロンの誘いに応じ、バイエルンのルドヴィヒ、シャルルの王国に侵入。ポンテュ、アティニで諸侯呼応する。ランス司教ヒンクマール、ルイの動きを封じる。四月、サン＝ドニ大修道院長、ヴァイキングの人質となり莫大な身代り金と引きかえに解放される。
◇《ブルゴーニュ》ジラール・ド・ヴィエンヌ伯、ヴェズレ、ポティエールの大修道院建立。オータン大聖堂の回廊建設。
◇八五八年頃、ヒンクマール、「ギルド」（同業組合）を職業別共済組織と規定。

八五九年　ヒンクマールの支持によりシャルル禿王、復位。
◇1/6聖ゲルマヌスの聖遺物、オーセールのサン＝ジェルマン教会地下礼拝堂に安置される。
サボニエール宗教会議：フランキア、ロトリンゲン、プロヴァンスからの四五名の司教、キリスト教徒の統一実現を約す。

八六〇年　6/7シャルル禿王、バイエルンのルドヴィヒ、コブレンツで会談。
◇八六〇年頃、ランスのサン＝ベルタンおよびサン＝レミ大修道院の財産目録。
◇八六〇〜二年頃、ジャン・スコット・エリジェンヌ、偽ドニ書のラテン語訳完成。

八六一年　ロベール・ル＝フォール、セーヌ川とロワール川の中間地域の侯となる。シャルル禿王、プロヴァンス王国の一部の占領を企て、ジラール・ド・ヴィエンヌ伯に妨げられる。

八六二年　◇八六一年以降、ヒンクマール『聖ベルタン年代記』執筆。
シャルル禿王、対ヴァイキング戦の指揮権をボードゥアン・ド・フランドルに一任。
◇ヴァイキングに備えてピトル〔ウール県、セーヌ河畔〕に装甲橋建設。

八六三年　《ブルターニュ》サロモン、シャルル禿王和解。
◇教皇ニコラウス一世、ヴェズレおよびポティエール大修道院に教皇直属の特権を与える。

八六四年　《アキテーヌ》ペピン二世死。
◇ピトル法令集、国王の許可なく要塞の建設を禁ず。

八六五年　シャルル禿王子ロタール死。
◇エリック、オーセールのサン＝ジェルマン大修道院附属学校長。

八六六年　《アキテーヌ》シャルル・ランファン死。弟ルイ吃王後継。ロベール・ルフォール死（ヴァイキングと対陣中、於ブリサルト〔アンジェ三〇キロメートル〕）。オーセールのサン＝ジェルマン大修道院俗人院長ユーグ、ロワール川流域の伯領およびトゥールのサン＝マルタン大修道院受領。

◇聖女フォワの首、コンク大修道院に安置。

八六九年　《ロタリンゲン》9／9ロタール二世死後、シャルル禿王、メスでヒンクマールより戴冠。

八七〇年　1／22シャルル（寡夫）、ボゾン伯妹リチルドと結婚。八月、メルセン条約：シャルル禿王、バイエルンのルドヴィヒおよびイタリアのルドヴィコ二世よりムーズ川流域、リヨン地方、ポワトゥー地方、中央山岳地帯東縁、およびフリースラントの一部を受領。

◇修道士ベルナール、エルサレムへ巡礼行。『黄金法典』。

八七二年　《アキテーヌ》ベルナール・プラントヴリュ、トゥルーズ辺境侯兼伯。

八七五年　《イタリア》ルドヴィコ二世死後、教皇ヨハネス八世、シャルルに王冠を与える。12／25シャルル禿王、ローマで皇帝として聖別受ける。

◇ノワルムーティエの修道士、聖フィリベールの聖遺物を擁してトゥルニュに定着。

八七六年　《イタリア》二月、シャルル、パヴィア王を宣し、王国を義弟ボゾンに委ねる。（夏）ポンテューで列侯会議。八月、バイエルンのルイ死後、シャルル禿王、アーヘン、ケルンを占拠。アンデルナハ〔コブレンツ北西一五キロメートル〕で甥ルイ・ルジューヌに破れ、シャルル引退を決意。

八七七年　（初）教皇ヨハネス八世、シャルル禿王に対アラブの支援を要請。6／14キエルジ会議：シャルル、政権をルイ二世吃王と顧問会議に一任する。10／6シャルル禿王、モーリアンヌ〔サヴォワ地方南部〕で死。（夏）シャルル、イタリアで敗北。ルイ二世吃王、後継。十〜十一月、オーセール、サン＝ジェルマン大修道院俗人院長ユーグ・ラベ、諸侯蜂起。

八七八年　◇5／5アーヘンの礼拝堂をモデルに造られた、コンピエーニュの聖母マリア教会献堂式。サン＝ドニ大修道院長ゴズラン、ルイ二世に反抗。12／8ルイ二世戴冠。6／14キエルジ会議で貴族の官職世襲公認される。

八七九年　オータン伯ベルナール・ド・ゴティの反逆。11／1フーロン条約：ルイ吃王および東フランク王ルイ・ルジューヌ、王国のすべてでの相続を保証。◇八〜九月、教皇ヨハネス八世召集のトロワ宗教会議開催。《フランドル》ボードゥアン一世侯死、子ボードゥアン二世後継。4／10ルイ二世吃王死。サン＝ドニ大修道院長ゴズラン、バイエルンのルドヴィヒの子ルイ・ルジュヌを王位につける画策を行なう。オーセールのサン＝ジェルマン大修道院長ユーグ、ルイ三世と弟カルロマンをともに戴冠させる。両王、サンス大司教アンセジズにより聖別受ける。

八八〇年　アミアン分割（ヌーストリア・アウストラシア→ルイ三世、ブルゴーニュ・アキテーヌ・セプティマニア→カルロマン）。《ブルゴーニュ》プロヴァンス王を称する対ボゾン遠征。カルロマン、ナルボンヌ遠征。六月、ルイ三世、カルロマン、ゴンドルヴィル〔ナンシー西一五キロメートル〕でルイ・ルジュヌ、アレマニア王シャルル（肥満王）の使者と会見。

◇八八〇年頃、サン=リキエの修道士、サンスに避難。『聖女ユーラリアの頌歌』（現存する最古のピカルディ方言のテキスト*）。

*聖女ユーラリアは四世紀初め、マクシミアヌス帝の迫害でスペインで殉教した聖女。この聖女の聖遺物が発見されたのを機会に、サン=タマン修道院で詩人にして音楽家のヒュクバルトの指導のもとに、ミサで同じ曲に合わせてうたう頌歌が二つ作られた。一つはラテン語詩で聖職者がうたい、もう一つは俗人信徒用に土地の方言（ピカルディ=ワロン方言）で書かれている。一四唱節二八行から成り、汚れなき信仰のため斬首されても鳩に姿をかえて天に飛び去った聖女ユーラリアにキリストへの救済のとりなしを祈願している。フランス語で書かれた最古の作品の一つで、一八三七年に発見された、九世紀の唯一の写本がヴァランシエンヌ市立図書館にある〔訳注〕。

八八一年　《イタリア》二月、シャルル三世（肥満王）、皇帝の聖別受ける。8/3ルイ三世、ソークール=アン=ヴィミュ〔アミアン北西五〇キロメートル〕でヴァイキングに戦勝。

八八二年　8/5ルイ三世死、カルロマン後継。ヴァイキングがメス、コルビ、サン=ヴァスト、アミアン、ランスへ来寇。

八八二年頃　ロベール・ルフォール長男ユード、パリ伯。

八八四年　12/6カルロマン死、王位継承者の弟シャルル五歳（ルイ二世死後誕生）。

◇三月、ヴェル法令集、現存するカロリング期最後の法規書。

八八五年　ゴズランとヴェルマンドワ伯ティエリ、シャルル三世に助けを乞う。六月、シャルル三世、ポンテューで諸侯の臣従の誓いを受ける。（夏）ジークフリード率いるヴァイキング、セーヌ川を遡行、ルーアン奪取される。12/24パリ攻囲開始、ユード伯、サン=ドニ大修道院長ゴズラン死守。

八八六年　九月、ユーグ・ラベ（オーセール、サン＝ジェルマン大修道院俗人院長）死、ロワール川流域の伯領（ネウストリア辺境侯領）、ユードの手中に入る。《アキテーヌ》ベルナール・プラントヴリュ死、子ギヨーム・ルピュ後継、アキテーヌ侯を称する。

八八七年　シャルル三世、パリ攻囲中のヴァイキングを買収して撤退させる。《プロヴァンス》ボゾン王死、子ルイ跡継。《ロトリンゲン》シャルル三世、ティボリ〔ローマ近郊〕で廃され、諸侯により甥アルヌール・ド・カランティ推戴される。*

*ルイ三世（八八二年死）とカルロマン（八八四年死）の共同統治のあとを継いだシャルル三世（肥満王）は、すでにイタリア王（八七九年）、ゲルマニア王（八八二年）であったので、さらに西フランク王国の王位を継ぐことによって、形式的にはシャルルマーニュの帝国の統一を保持できる立場にあった。しかし怯懦で無能な王は度重なるノルマン人の侵攻の前になす術を知らず、ジークフリード、ロロンが率いる四〇〇〇〇人のノルマン人によるパリ攻囲に際しても、パリ伯ユードとパリ司教ゴズランの奮戦にもかかわらず、巨額な買収金で攻囲を解かせるばかりであった。そのため王国の他の地方は彼らの荒掠に任され、人心は王からはなれた。諸侯の期待はパリ防衛の英雄ユードに傾き、彼を王にと望むようになった。ユードはルイ敬虔王の妃イルミニガルドの出たロベール家の血筋を引き、ブルターニュ伯ロベールの子であるから、シャルル三世肥満王は実質的にはカロリング朝最後の王となる〔訳注〕。

八八八年　1／13シャルル三世死。《イタリア》スポレート侯ギ、パヴィア王として聖別受ける（於ラングル〔オート＝マルヌ県〕）。2／29パリ伯ユード、王に選ばれサンス大司教ゴーティエによってコンピエーヌのサント＝マリ教会で聖別される。辺境侯領は彼の弟ロベールが跡継。《ブルゴーニュ》ユーグ・ラベ弟ロドルフ、サン＝モーリス・ダゴーヌ〔スイス、ヴァレ県〕で王に選出される。6／24ユード、モンフォーコン・アン・アルゴン〔シャンパーニュ丘陵〕でヴァイキングに勝利。八月、ユード、アルヌール・ド・カランティに臣従を誓う。11/13ユード、ランスで改めて聖別。

八八八年頃　アラン・ルグラン、ヴァンヌ伯兼ブルターニュ侯（→九〇七～八年）。
◇サン＝ジェルマン＝デ＝プレのアボン『パリ戦争』（ヴァイキングによるパリ攻囲物語）。

八八九年　六月、サン＝メマン・ド・ミシ〔オルレアン近郊〕で諸侯会議（＋八九二年、於ヴェルブリ〔コンピエーニュ西南一五キロメートル〕）。

八九〇年　ラムニュルフ・ポワティエ伯死。ユード、弟ロベールを跡継に画策。貴族の反乱。
十一月、ヴァイキング、ピカルディ地方来寇。

八九一年　ユード、ヴェルマンドワ地方〔ピカルディ東部〕でヴァイキングに敗退。《イタリア》
2/21パヴィア王ギ・ド・スポレート、皇帝の冠を戴く（子ランベール、八九二年、戴冠）。

八九三年　二～三月、ラムニュルフ・ド・ポワティエの後継者アデマール・ダングレーム、アキテーヌ侯ギョーム・ルピュー、ブルゴーニュ侯リシャール・ドータン、ユードと敵対。
2/28ルイ二世吃王の子シャルル四世（単純王）、フルク大司教によりランスで聖別受ける。
◇ユード、エブル死後サン＝ドニ大修道院俗人院長。

八九四～五年頃　リシャール・ドータン、トロワ、サンス伯領横領。
◇八九四年、サンス大司教ゴーティエ、大法官。エルベ、宰相。ジェロー伯、オーリヤック大修道院建立。

八九五年　ユード、ラン奪取。シャルル四世ロレーヌに撤退。

八九七年　ユード、シャルルのあいだで和平締結。シャルル、ランを維持、跡継ぎのいないユードの後継者となる。2／22アルヌール、帝冠を戴く。

八九八年　1／1ユード死、シャルル四世跡継。ユード弟ロベール、侯に叙される。12／28リシャール・ドータン、アルジャントゥイユ＝シュール＝アルマンソン〔オーセール東四〇キロメートル〕でヴァイキングを撃破。《ロトリンゲン》シャルル四世、レニエの要請を受けアーヘン行。

八九九年　シャルル、フランドルのボードゥアン二世よりアラス伯領、サン＝ヴァアスト大修道院没収。《ロトリンゲン》五月、ザンクト＝ゴアル〔コブレンツ南二〇キロメートル〕で和平調印。

九〇〇年　◇六月、シャルル、オーリャック大修道院に不輸不入権付与。
6／17フランドルのボードゥアン二世の扇動により、ランス大司教フルク暗殺さる。エルベ跡継。

九〇五年頃　◇九〇〇年頃、ヴァイキング、セーヌ川、ロワール川下流に定住（九〇三年、トゥールのサン＝マルタン大修道院荒掠される）。ティボー・ド・ブロワ、ドゥエ＝ラ＝フォンテーヌ〔アンジェ東南三五キロメートル〕に宮殿（アウラ）建設（九三〇〜四〇年頃、塔に改築）。
《ガスコーニュ》ガルシア・サンチョ（伯・侯）、「国主（ドミヌス）」を称す。
◇九〇六年、二月、シャルル四世、聖マルクールに献じた大修道院をコルブニ〔ラン東南一五キロメートル〕に創設。

◇九〇九年、9/11アキテーヌ侯ギョーム・ルピュー、クリュニ大修道院を創建。ベルノン、初代院長。

九一一年　ハンガリー人、ブルゴーニュ来襲（+九三〇年）。（夏）ヴァイキング首領ロロン、シャルトル攻囲。7/20ヴァイキング敗北。サン=クレール=シュール=エプト条約（ロロンはルーアン、エブルー、リジューの各伯領を授けられ、そのかわりに臣従と改宗を誓約）。《ロトリンゲン》ルイ・ランファン死後、レニエと貴族たちの要請を受け、シャルル四世アーヘンで王に選ばれる。

九一二年　シャルル四世、再び「フランク人の王」を称する。《ノルマンディ》ロロン受洗。

九一四年　シャルル四世、ロベールの子ユーグに父の名誉、官職の継承を認める。

◇九一五年頃、クリュニ第一の建設開始。

九一七年　ハンガリー人、ロレーヌ州へ来寇。

◇デオル大修道院創設され、エボンは管理をクリュニ院長ベルノンに一任。

九一八年　《ブランドル》ボードゥアン二世死、子アルヌール後継。《アキテーヌ》ギョーム・ルピュー死、甥ギョーム・ルジューヌ後継。

九一九年頃　《ブルゴーニュ》リシャール・ドータン、侯を称する。

九二〇年　ソワソン会議：諸侯、シャルル四世に彼の寵臣アガノン伯の罷免を要求（九二一年、地位回復）。

九二一年　《ブルターニュ》ロベール、ヴァイキングにロワール、ブルターニュ、ナント伯領委譲。《ブルゴーニュ》リシャール・ドータン死、子ラウル（ロベール婿）後継。《ゲルマニア》

九二二年　ボンにて新王ハインリヒとシャルル四世、相互の王権を承認しあう。ロベール一族とラウル・ド・ブルゴーニュ、反乱。シャルル四世、ブルゴーニュに撤退。6/30ロベール、王に選ばれ、サンス大司教ゴーティエにより戴冠。

九二三年　6/15ロベール、ソワソンで殺される。シャルル、同盟者であるヴァイキングの首領レゲンヴァルトがロワール川の河口を占領したため、撤収。6/13ラウル・ド・ブルゴーニュ、王に選出され、サンス大司教ゴーティエによりソワソンのサン＝メダール教会で戴冠。シャルル四世、ヴェルマンドワ伯エルベール二世の監視下、シャトー＝ティエリに捕わる。

九二四年　《アキテーヌ》ギヨーム・ルジューヌ、ラウルに臣従を誓う。《ノルマンディ》ロロン、メーヌ州、バイユと引き換えに服従。

九二六年　◇九二五年、エルベール・ド・ヴェルマンドワ二世の子ユーグ（六歳）ランス大司教叙任。於フォーカンベルグ〔サントメール県中央〕、エルベール・ド・ヴェルマンドワ二世、ヴァイキングと対陣中のラウルの命を救う。

九二七年　《アキテーヌ》エブル・ド・ポワティエ、オーヴェルニュとアキテーヌでの首位権を相続。◇九二七年頃、クリュニ院長オドン、『オーリャックの聖ゲラルドス伝』のなかで戦士を「教会の武装した腕」と定義。

九二九年　エルベール・ド・ヴェルマンドワ二世、ラン伯。シャルル四世、ペロンヌ〔アミアン東四〇キロメートル〕に捕われのまま死。

九三一年　ラウルおよびユーグ・ルグラン、エルベール・ド・ヴェルマンドワ二世と争う（↓

九三五年）。
◇クリュニ院長オドンによるフリューリ大修道院の改革。

九三二年　《アキテーヌ》トゥルーズ伯レイモン三世ポンス、ラウルを王として承認。《ノルマンディ》ロロン死、子ギヨーム（長剣侯）後継。

九三三年　◇ランス大司教ユーグ・ド・ヴェルマンドワ、アルトーと交代。
《ノルマンディ》ギヨーム、ラウルを王として認め、アヴランシュ、コタンタン半島を受領。

九三六年　1／15か16ラウル王死、イギリスに亡命していたシャルル四世の子、ルイ（海外王）後継。
6／19ルイ四世（海外王）ランスでアルトーより聖別される。12／25ユーグ・ルグラン、証書のなかで「フランク人の侯」と呼ばれる。《ゲルマニア》オットー一世、ハインリヒ一世に代る。

九三七年　《ブルターニュ》アラン（「ねじれ髭」）、ヴァイキング撃退。《ブルゴーニュ》ユーグ・ルグラン、サンスおよびオーセールの伯領横領。
◇ランス大司教アルトー、大法官就任。

九三九年　ユーグ・ルグランおよびギヨーム長剣侯、ルイ四世に反逆、ランとカン攻囲。

九四〇年　オットー一世軍、侵攻。ユーグ・ルグランおよびエルベール・ド・ヴェルマンドワ、アティニでオットー一世に忠誠を誓う。
◇ユーグ・ド・ヴェルマンドワ、ランス大司教に復帰。

九四一年　ルイ四世、ルテル〔ランス北東四〇キロメートル〕でユーグ・ルグランに敗北。

九四二年　十一月、ルイ四世、オットー一世と和議：ルイ四世、ロトリンゲン、リオネ、ヴィエノワを放棄。《ノルマンディ》十二月、アルヌール・ド・フランドルの部下、ギヨーム長剣侯を暗殺。

九四三年　2/23エルベール・ド・ヴェルマンドワ二世死。四人の息子、遺産分割。

九四四年　《アキテーヌ》ルイ四世と諸侯の会見。

九四五年　（復活祭）ティボー一世・ド・ブロワおよびエルベール三世・ド・ヴェルマンドワ、モンティニ＝ラングラン〔ソワソン西一五キロメートル〕城攻囲。7/13ルイ四世、反乱ヴァイキングの捕虜となる。ユーグ・ルグランに救出され、ティボー・ド・ブロワの監視下に置かれる。

九四六年　諸侯会議：ルイ四世の釈放。（末）オットー一世およびコンラッド・ド・ブルゴーニュによる王国侵略。ランス陥落、ネウストリアおよびノルマンディ荒掠。
◇アルトー、ランス司教に復帰。クレルモン大聖堂献堂式。
◇九四六年以降、フロドアルド・ド・ランス『年代記』（→九六六年）。

九四八年　ユーグ・ルグラン、ソワソン荒掠。九月、トリア宗教会議でユーグ・ルグラン破門される。

九四九年　ルイ四世、アミアン、ランを奪い返す。
◇ランで塔の建立。
◇九四九〜五四年、アドソン・ド・モンティエ・アン・デール『反キリストの出現と時期について』。

九五〇年	ルイ四世とユーグ・ルグランの休戦。 ◇九五〇年頃、アロームによるクレルモン大聖堂の黄金のマリア完成。
九五二年	《ブルターニュ》アランねじれ髭侯、侯領と息子ドロゴンをティボー・ド・ブロワの監視下に置く。《ブルゴーニュ》ユーグ・ルノワール死、婿ジルベール・ド・シャロン後継。
九五三年	5/24ルイ四世とユーグ・ル・グラン、ソワソンで恒久平和。 ◇サン＝ミッシェル・ド・キュクサ大修道院附属教会献堂式。
九五四年	9/10ルイ四世死、長子ロタール後継（母ジュベルジュおよび叔父ブリュノン・ド・コローニュ後見）。11/11ロタール、ランスのアルトーより聖別受ける。 ◇九五四年頃、クリュニ慣例集起草。
九五五年	《アキテーヌ》ユーグ・ルグランとロタールの遠征失敗。もじゃもじゃ頭のギヨーム、侯の称号を帯びる。 ◇九五五～七年以降、クリュニ第二の建設（九八一年、献堂式）。
九五六年	《ブルゴーニュ》四月、ジルベール・ド・シャロン死、婿オトン（ユーグ・ルグラン息）後継。6/16ユーグ・ルグラン死、子ユーグ・カペ後継（十五歳、ブリュノン・ド・コローニュ後見）。
九五六～六〇年頃	ティボー・ド・ブロワ、シャルトル、トゥール、シャトーダン伯領で支配者となる。
九五七年	ロタール、ブルゴーニュ遠征、次にエノーのレニエ三世のもとに遠征。
九五八年	《ブルゴーニュ》ロタール、マルジ＝アン＝ニヴェルネ［ニエーヴル県］にアキテーヌ侯糾弾集会開催。ディジョン占領。ロタール、ロベール党と断絶。（末）ブリュノン・ド・

コローニュの介入。

九五九年　ロタール、ロレーヌ放棄を約束。

九六〇年　《ブルゴーニュ》ロタール、ユーグ・カペ、オトン・ド・ブルゴーニュ、ディジョンに会す。ユーグ・カペ、「フランク人の侯」。オトン、ブルゴーニュを与えられる。《ノルマンディ》リシャール一世、ユーグ・カペ妹エンマを娶る。《アンジュ》フルク死、子ジョフロワ・グリズゴネル後継。

九六一年　ティボー・ド・ブロワ対リシャール・ド・ノルマンディの「ノルマンディ合戦」（十九六二年）。
◇7／18ピュイのサン＝ミシェル・レギュイユ礼拝堂献堂式。

九六二年　《フランドル》ロタール、アルヌール伯に「侯」の称号を許す。2／2オトン一世、教皇ヨハネス十二世により皇帝の聖別を受ける。

九六三年　《アキテーヌ》ギヨーム（鉄腕侯）、父ギヨーム（「もじゃもじゃ頭」）の後継。

九六五年　《フランドル》3／27アルヌール死。ロタール、アラス、ドゥエ、サン＝タマン奪取。《ブルゴーニュ》オトン弟ユード＝アンリ後継。十一月、ブリュノン・ド・コロニュ死。
◇九六六年、モン＝サン＝ミッシェル大修道院にリシャール・ド・ノルマンディ、メナール院長のもとに一群の修道士を配置。

九六七年　兄ロベールの跡を継ぎ、エルベール・ド・ヴェルマンドワ、トロワおよびモー伯。
◇九七〇年以前、ユーグ・カペ、ギヨーム（もじゃもじゃ頭）娘アデライドを娶る。
◇九七二年、ユーグ・カペ、息子をランス学頭ジェルベールに託す。

九七三年　《プロヴァンス》ギヨーム伯、ラ・ガルド・フレネ〔ヴァール県東方〕よりアラブ人を駆逐。
◇九七三～八三年頃、サン＝ミッシェル・ド・キュクサ大修道院附属第二教会献堂式。
◇九七五年、ラン司教アダルベロン、ロタールの大法官に就任。
◇九七六年頃、ランス大聖堂再建。
◇九七六～九五年、アボン・ド・フリュリ『文法上の諸問題』。

九七七年頃　ティボー・ド・ブロワ死、子ユード一世、トゥール、ブロワ、シャルトルの伯。

九七八年　三～四月、ロタール、ブルゴーニュ巡行。五月、ロタール、諸侯会議を開き、諸侯に意見を求める。《ゲルマニア》八月、ロタール、ユード＝アンリ・ド・ブルゴーニュ、ユーグ・カペ、アーヘン奪取。10／1神聖ローマ皇帝オットー二世、ランス、ソワソン、ランの各地方を荒掠。ロタール、エタンプ〔パリ南四〇キロメートル〕に避難。シャルル・ド・ロレーヌ、メス司教ティエリにより王と宣せられる。ユーグ・カペ、オットー二世をパリ前方で阻止、オットー、ゲルマニアに撤退。

九七九年　6／9ロタール子ルイ五世、王に選ばれ、コンピエーニュでランス司教アダルベロンに聖別される。

九八〇年　ユーグ・カペ、アルヌール二世・ド・フランドルよりモントルイユ＝シュール＝メール〔パ＝ド＝カレ県〕奪取。七月、ロタールとオットー二世、マルギュ＝シュール＝シェル〔アルデンヌ県東部〕の会見。ロタール、ロレーヌを放棄。

九八〇～三年頃　エルベール四世、エルベール三世・ド・ヴェルマンドワ後継。

九八一年　四月、於ローマ、ユーグ・カペとオットー二世の同盟成立〔オットー死、九八三年十二月、於ローマ）。

九八二年　ルイ五世、ジョフロワ・ダンジュ妹アデライド・ド・ジェヴォダンを娶る（九八三年、離婚）。

九八五年　二月、ロタール、ロレーヌ侵攻。

九八六年　3/2ロタール死。ルイ五世、母エンマおよびアダルベロン・ド・ランの後見のもと後継。（冬）ルイ五世、ランスに進撃、のち撤収。ユーグ・カペ、アダルベロンとエンマを迎え入れる。

九八七年　二〜三月、ユーグ・カペ摂政。5/21または22ルイ五世死（後継者なし*）。

*ノルマンの侵略に対し英雄的な防衛を指揮したパリ伯ユードが諸侯の期待を担って、シャルル三世ののち（八八八年）、王位についた。彼はシャルル三世の甥アルヌール・ド・カランティに臣従を誓い、各地の対ヴァイキング戦に転戦する。八九三年にはルイ二世の子シャルル四世が十四歳で聖別されるが、シャルルはユードの後継者となることで王家の平和を維持することに成功する。八九八年、ユードが死にシャルル四世が継承する。九一二年にはシャルルは「フランク人の王」の称号を再び帯びるが、九二二年にはロベール一族とブルゴーニュ勢の反乱の結果、ロベール（ユード弟）が王に選ばれる。翌九二三年、ロベールはソワソンの戦場でシャルル四世みずからの手にかかって戦死、ロベールの息子ユーグ・ルグランは王位継承の意志なく、ロベールの娘エンマの婿ラウル・ド・ブルゴーニュが王位を継ぐ。一方、シャルル四世は同じくロベールの女婿エルベール・ド・ヴェルマンドワ二世の裏切りによって捕虜となり（九二三年）、捕らわれのままペロンヌで死去（九二九年）。九三六年、ラウルが死ぬと、イギリスに亡命していたシャルル四世の子ルイ四世（海外王）をユーグ・ルグランがイギリスまで出向いて王座に迎えた。九四五年、ヴァイキングの反乱で捕虜になったルイ四世はユーグ・ルグランに救出され、諸侯とユーグの傀儡となって果てる（九五四年）。その長子ロタールがあとを継ぐが、彼はユーグ・ルグランの子、フランス侯ユー

グ・カペの臣下同様であった。九七九年、ロタール子ルイ五世は十二歳で王に選ばれ聖別される。九八六年、ロタールの死に際し、ルイ五世は母の後見のもとに即位、九八七年、狩の負傷がもとで後継者なく死去。カロリング朝の血統絶える〔訳注〕。

第三章　カペー朝（九八七～一一八〇年）

九八七年　7/3、ユーグ・カペ、王に選ばれ、ノワイヨンで聖別受ける。《アンジュ》7/21ジョフロワ・グリズゴネル死、フルク（三世）・ネラ後継。* 12/25ユーグ・カペの子ロベール、オルレアンのサント＝クロワ大聖堂で聖別される。

＊各地に割拠する封建領主の代表的なものがアンジュ伯フルク三世やその隣国のブロワ伯ユード二世である。諸侯間の私戦が横行し、それを阻止するためには王権はあまりにも微力であった。

◇九八七年頃、ピュイ宗教会議で「神の平和」制定。

九八八年　五月、ロレーヌのシャルル、ランを奪取。* ◇ガスコーニュのギヨーム＝サンシュ（ギリエルモ＝サンチョ）がタレール〔ランド県西部〕でノルマン人（ヴァイキング）に勝利を収めたのち、サン＝スヴェル修道院の再建、奉献。

＊ルイ五世の死に際してそのあとを継ぐべき血筋から見て一番に挙げられるのが故王の叔父（ロタールの弟）にあたる低ロレーヌ侯シャルルであり、彼はランス大司教アダルベロンに支持を要請している〔訳注〕。

九八九年　1/21ランスの大司教アダルベロン死、ロタールの庶子アルヌール後継。八月、アルヌールはランスをロレーヌのシャルルに引渡す。《アンジュ》十月、フルクネラ、「神の恵みによりアンジュ人の伯」を称す。

◇六月、於シャルー、第一回平和のための宗教会議（第二回、九九〇年、於ナルボンヌ）。メスのサン＝ピエール・オ・ノネン大聖堂の身廊建設。オルレアン大火。サン＝テニャン建立。
◇九九〇年、クリュニ大修道院長マイユール、ディジョンのサント＝ベニーヌ大修道院にギョーム・ド・ヴォルピアノ派遣。
◇九九〇年頃、ノルマンディのジュミエージュ大修道院サン＝ピエール教会建設。

九九一年

ユード（二世）・ド・ブロワ、ムラン奪取。パリ伯、尊者ブシャール、国王軍を召集して奪回。3/30ラン司教アダルベロン（同名のランス大司教の甥）、シャルル・ド・ロレーヌおよびアルヌール・ド・ランスをユーグ・カペに引渡す。五月〜六月、サン＝バール・ド・ヴェルジ教区会議でアルヌール免職。ジェルベール、ランス大司教に選出さる。
◇九九一〜五年、リシェ・ド・ランス『歴史』。

九九二年

6/27フルク・ネラ、ナント前方でコナン侯率いるブルトン人に勝利。ロレーヌのシャルル、オルレアンで死。
◇ヌアイエ大修道院再建（↓一〇一一年）。
◇九九三年（初）教皇ヨハネス十五世、ユーグ・カペ、ロベール、さらにガリアの司教たちをローマに召集。（末）シェル教区会議。
◇九九三〜四年頃、アボン・ド・フルリ『（十分の一税に関する）申開きの書』。
◇九九四年5/11クリュニ大修道院長マイユール死、オディロン後継ぐ（↓一〇四九年）。アンス＝アン・リオネおよびピュイで平和のための宗教会議。

◇九九四～五年頃、フルク・ネラ、ランジェ〔トワール西二五キロメートル〕に城塞（オピデュム）を築く。* トゥールのサン＝マルタン大修道院再建（↓一〇一五年）。

＊それまでの木製の塔、天守閣に代って、石造りの防御拠点としての城塞を構築しはじめたのがフルク・ネラでその遺構はランジェやロッシュに今も見られる〔訳注〕。

九九五年　フルク・ネラ対ユード・ド・ブロワの戦争再開。*（冬）ユード、ランジェ攻囲。

◇6／2ムーゾン教区会議。7／1ランス教区会議。教皇ヨハネス十五世、フリュリ大修道院への特権付与に同意。

＊両侯ともに暴虐と強欲で名高いが、神を恐れぬ悪業にかけてはユード二世のほうが上手であった。フルク三世には、トゥールのサン＝マルタン大修道院をはじめ、聖域での略奪、狼藉を平気で行なう反面、劇的改悛を伴っての寄進、巡礼行がつきものであった〔訳注〕。

◇九九五年頃、アボン・ド・フリュリ『教会法令集』。

九九六年　（冬）フルク・ネラ、ユーグ・カペの助勢を得てトゥーレーヌ地方に進出。10／22～25のあいだ、ユーグ・カペ死、ロベール二世敬虔王後継、妻を離縁してユード（一世）・ド・ブロワ未亡人ベルトを娶る。《ノルマンディ》十二月、リシャール一世死、子リシャール二世後継。

九九七年　アルヌール、再びランス司教に復帰。ジェルベール、オットー三世皇帝の宮廷に逃れる。

九九八年　ロベール、「法に反して」近親者と結婚したため、破門で脅かされる。*

◇教皇グレゴリウス五世、クリュニ大修道院に特権を付与（さらに一〇二四年には全系列に）。

＊ロベール二世は前妻を離縁して、四親等の従妹にあたるベルト（ブロワ伯ユード一世未亡人）と結婚（九九六年）。教皇グレゴリウス五世は近親結婚ゆえ離婚を勧告、従わない場合には破門制裁

をもってすると脅かす。王がそれを拒否したため二人は以後すべての臣下に去られ、ペスト患者のように暮らさねばならなかった。結局二人は一〇〇三年に別れることとなり、ロベールはさらに三番目の妃を迎える。とはいえ、虚栄心強く、意地悪な新王妃コンスタンスは誰からも愛されず、ロベールも相変わらず熱愛するベルトを宮中にとどめていたといわれる〔訳注〕。

◇九九八年以前、ボーヴェ、ノートルダム・ド・ラ・バスウーヴル建設。

◇九九九年、4/2ジェルベール、教皇に選ばれ、シルヴェストル二世を名乗る（→一〇〇三年）。オーセール、サン＝テティエンヌ教会地下礼拝堂建設（→一〇三八年）。

◇一〇〇〇年頃、シャティヨン＝シュール＝セーヌ、サン＝ヴォルル教会建設。サン＝ジェルマン・デ・プレ教会、鐘楼建設。ディジョン、サント＝ベニーニュ大修道院建設（→一〇一八年）*。

*西暦一〇〇〇年を越えると教会建築にも大きな変化が見られる。いわゆる「ロマネスク様式」の登場がそれである。年代記作者ラウル・グラベールに言わせると、「教会はいたるところで古い衣をぬぎ捨てて、真白いマントで身を被うようになった」のである〔訳注〕。

一〇〇二年　《ブルゴーニュ》10/15ユード＝アンリ侯死、義理の息子オットー＝ギヨーム後継。ロベール王、侯領を要求。

◇ル・カニグー地方、サン＝マルタン大修道院バルセロナ伯により建設。

一〇〇三年　ロベール王、コンスタンス（トゥルーズ伯ギヨーム一世とアデライド・ダンジュ娘）を娶る。

◇アルジャントゥイユ大修道院、サン＝ジャン礼拝堂完成。

◇一〇〇四年、フリュリ大修道院長ゴズラン、鐘楼完成。

一〇〇五年　オーセール、アヴァロン、オータン、王領に併合。

◇飢饉（＋一〇〇六年）。サン＝ヴァンヌ大修道院長リシャール、ロレーヌ州での修道院改革運動の推進者となる。

一〇〇六年
◇一〇〇五年頃、ジャン＝ル＝ロトルー〔ユール＝エ＝ロワール県最西部〕に四角い天守閣建築。
（秋）ロベール王およびハインリヒ二世皇帝、フランドルのボードゥアン四世のもとに遠征。ヴァランシエンヌ〔リール東南四〇キロメートル〕の攻囲失敗。
◇一〇〇六年頃、トゥルニュのサン＝フィリベール教会建築開始（一〇一九年、献堂）。
◇一〇〇七年、フルベール、シャルトル司教（→一〇二八年）、シャルトル学校の発展開始。
◇一〇〇七年頃、ランス、サン＝レミ大修道院建設開始（→一〇四九年）。

一〇〇八年
宮中伯ユーグ・ド・ボーベの暗殺。ロベール王、その処置を検討するためシェル〔セーヌ＝エ＝マルヌ県〕に宗教会議を召集。*

＊犯行は伯の行きつけの狩場でフルク・ネラ配下の野武士の手で行なわれたが、事件の背後にはアンジュ伯と王妃コンスタンスがいた〔訳注〕。

◇一〇〇八年以前、エモン・ド・フリュリ『フランク人の歴史——アボン伝』。
◇一〇〇九年、エルサレム、カリフのアル＝ハーキム、聖墓教会破壊。*

＊聖墓教会を破壊するようカリフを唆したのはユダヤ人だという噂が広がり、各地でユダヤ人が殺戮や追放の犠牲になった〔訳注〕。

一〇一〇年
ロベール王、ローマで教皇セルギウス四世訪問。*

＊王妃コンスタンスの尋常でない振舞いに辟易した国王は、性格の不一致を理由にもう一度最愛の人ベルトとの正式の結婚を認めてもらおうと、ベルトを同伴してローマに向かったが、教皇はまったく耳をかさなかった〔訳注〕。

一〇一三年
ブールジュ司教死。ロベール王、ユーグ・カペの庶子ゴズランを後任に推す。

一〇一五年　ロベール王、ブルゴーニュ侯領を次男アンリ一世に託す。
◇一〇一五～二六年、サン＝カンタンのデュドン『ノルマン年代記』。
◇一〇一五～八年頃、サンスのサン＝ピエール・ル・ヴィフ教会への聖サヴニエンの聖遺骨函作成。
◇一〇一五年以後、ノルマンディのリシャール二世ディエプ、カンの基を作る。

一〇一六年　一月、ブルゴーニュ独立派の闘士ラングル司教ブリュノ・ド・ルーシ死。ディジョン、ブルゴーニュ、王領に帰属。フルク・ネラ、ブロワのユード二世をポンルヴォワ〔ブロワ南二〇キロメートル〕で撃破し、トゥレーヌ地方を征服（→一〇三七年）。ノルマン人による南イタリア、シチリア遠征の開始。
◇ヴェルダン＝シュール＝ル＝ドゥブ会議、「神の平和」実現のためブルゴーニュの騎士宣言。
◇アキテーヌに、「マニ教徒」はじめて出現。ランジェの塔建設。

一〇一七年　ロベール王、長男ユーグをも戴冠させる。

一〇一九年　《アキテーヌ》ロベール王巡礼行。《フランドル》ロベール王、ガンとサン＝トメールへの新たな攻撃始める。
◇一〇二〇年頃、シャルトルのフルベール、アキテーヌのギヨーム五世に主君と臣下の義務についての書簡を送る。* サン＝ジュニ・デ・フォンテーヌ〔ペルピニャン南一六キロメートル〕およびサン＝タンドレ・ド・ソレド〔ピレネ＝オリアンタル県〕の人物彫刻で飾られた楣石**（まぐさいし）。

＊主従関係は臣従礼によって成立する。臣従を願う者は未来の主君の前にひざまずき、両手を相手

の両手のなかにはさみ、誓いのことばを述べる。新しい関係の成立を証明するため主君は手袋や杖を相手に与える。臣下となった者は主君に忠誠をつくし（具体的には軍務と忠告）、主君は臣下に安全と保護を与える。フルベールはさらに、身分の上下にかかわらず、領主、家臣のすべてが国王に対する忠誠を負っている点を強調している〔訳注〕。
** それまでの教会装飾がほぼ幾何学模様であったのに対し、この楣石には「栄光のキリスト」が左右に六名づつ使徒を従えている図柄が採用されている。彫像の彫は浅く、作者は写本の彩飾画から想を得たらしい〔訳注〕。

◇一〇二〇年以降、火事で破壊されたシャルトルのノートル＝ダム大聖堂の再建（→一〇二八年前）。

◇一〇二一年頃、アミアンとコルビ、相互和平の誓い。

◇一〇二二年12／28オルレアン宗教会議、三人の参事会員を異端として火刑。

一〇二三年

トロワとモーの伯エティエンヌの死後、ブロワのユード二世シャンパーニュ伯となる。

8／10〜11ロベール王とハインリヒ二世皇帝、イヴォワ〔現在のカリニャン―アルデンヌ地方〕で会談。

◇一〇二四年、ロベール王、エリ〔オーセール近郊〕での平和集会の議長をつとめる。

◇一〇二四年頃、ノルマンディ、モン＝サン＝ミシェル大修道院建築。

一〇二五年

9／17ロベール王長子ユーグ死。

◇ギヨーム・ド・ヴォルピアーノ、サン＝ジェルマン・デ・プレ大修道院長。カンブレ司教ジロー、アラスで異端の百姓の一群を裁く。

◇一〇二五〜三〇年頃、アデマール・ド・シャバンヌ『歴史』。

一〇二六年　フルク・ネラ、メーム地方占領。
◇一〇二六年頃、フリュリ大修道院、火事で消失ののち、再建。

一〇二七年　ロベール王の第二子アンリ聖別。
◇エルヌ宗教会議で、土曜日夕より月曜日朝までの戦闘行為禁止（「神の休戦」）。
◇一〇二七〜三〇年頃、ランのアダルベロン『ロベール王に捧げる歌』のなかではじめて社会の三階級（闘う者、祈る者、耕す者）について言及。

一〇二八年　ロベール王娘アデル、フランドルのボードゥアン五世と結婚。

一〇二九年　ロベール・ル・ディアブル、ノルマンディ侯。

一〇三〇年　ロベールの二人の子、父に叛逆。ロベール、ボージャンシーに籠城。
◇一〇三〇年頃、『オドン修道院長の生涯』（クリュニ大修道院の慣例を記したもの）。グレゴワール・ド・モンタヴェ院長のための『サン＝スヴェルの黙示録』完成。

一〇三一年　7/20ロベール王死、アンリ一世後継。
◇ブールジュとリモージュの宗教会議。
◇一〇三一〜二年頃、飢饉。

一〇三二年　アンリ一世弟ロベール、母コンスタンスに唆され兄に叛逆。アンリ一世、ロベール・ル・ディアブルに助勢を請う。

一〇三三年　五月、アンリ一世とコンラッド二世皇帝、ブロワのユード二世に対する攻守同盟締結（於ドゥヴィル（アルデンヌ北部））。
◇エルゴー『ロベール敬虔王伝』。『ムージゾン年代記』。

一〇三四年　七月、王妃コンスタンスの死後、アンリ一世、ロベール和解。ロベール、ブルゴーニュ侯領を配される。ユード・ド・ブロワの反乱（→一〇三七年死*）

*ドイツ皇帝の王冠を望んでいたユードは、そのあくなき欲望と三〇〇〇の兵とともにオノル（バール・ル・デュク近郊）の戦場に屍をさらした。彼の領地は二人の子に分割された（ブロワ・シャルトル→ティボー三世、シャンパーニュ→エティエンヌ）〔訳注〕。

一〇三五年　◇一〇三五年以前、オーセール、サン＝ジェルマン大聖堂地下礼拝堂建設。

《ノルマンディ》庶子ギヨーム（七歳）、父ロベール・ル・ディアブル後継。

一〇四〇年　《アンジュ》フルク・ネラ死（四度目のエルサレム巡礼の帰途）、ジョフロワ・マルテル後継。

◇一〇四〇〜五〇年頃、『聖アレキシス伝*』、『聖レジェール伝』（フランシアン方言で残された最初期のテキスト）。

*『聖アレクシス伝』（新倉俊一／神沢栄三／天沢退二郎訳）『フランス中世文学集Ⅰ』、白水社、一九九〇年〔訳注〕。

◇一〇四一年、アルルにて、「神の休戦」についての会議。

◇一〇四一〜五二年、コンクのサント＝フォワ大修道院、院長オドルリックにより奉献。

◇一〇四二年、於テルーアンヌ、「神の休戦」に関する会議（＋一〇四三年、於ナルボンヌ）。「神の休戦」、フランドル、ノルマンディに行きわたる。

◇一〇四二年以前、クリュニ第二の回廊建設。

一〇四三年　四月、アンリ一世とハインリヒ二世の会見（於、イヴォワ〔ブールジュ北三〇キロメートル〕）。

一〇四四年 《アンジュ》ジョフロワ・マルテル、トゥール占領（一〇五一年、ル・マン）。

一〇四六年 ◇一〇四五年、シャロン＝シュール＝マルヌの司教のもとで、異端に対する訴訟。

一〇四七年 アンリ一世、皇帝に叛いたロレーヌ侯ゴドフロワを支援。

《ノルマンディ》アンリ一世、臣下に叛かれたギヨーム・ル・バタール（庶子）支持。ヴァル・デ・デュヌ〔カーン近郊〕の戦いでギヨーム勝利。

◇一〇四七年以前、ラウル・グラベール『世界史』。

一〇四八年 《ノルマンディ》アンリ一世、ギヨーム・ル・バタールに敵対して、ユー城を追われたギヨーム・ビュサックを支持（↓一〇五三年）。

◇一〇四九年教皇レオ九世（ブリュノン・ド・トゥル）、ランスで宗教会議を開催、聖職売買にかかわる司教を解任（グレゴリア改革の始まり）。ユーグ・ド・スミュール、クリュニ院長（↓一一〇九年）。ポワティエ、サン＝イレール教会建設。

◇一〇五〇年頃、セルジュク・トルコ、オリエントに登場。ル・コマンジュ地方に最初の開拓集落。フランドル、織物工業の発展。

一〇五一年 アンリ一世、キエフ大公娘アンヌを娶る。*

*遠い国の公女の美貌の噂を耳にしたアンリ一世は、シャロン司教ロジェを交渉に差し向けた。彼が金髪緑眼の絶世の美女とビザンチン金貨の持参金を伴って戻ってくると、王は「自分が想像していたよりもずっと美しく、ずっと優雅な姫だ」と感嘆したという〔訳注〕。

一〇五三年 《ノルマンディ》アンリ一世、ギヨーム・ル・バタールに反逆したギヨーム・ダルクを支援。

一〇五四年 《ノルマンディ》侯に対する反対連盟結成。王弟ユード、モルトメール〔セーヌ＝マリティム県東部〕で敗北（→一〇五五年）。

一〇五五年

◇教皇特使ヒルデブラント、ベランジェ・ド・トゥールの異説について調査。

ブロワ伯と同盟したサンス伯ルノー二世死。サンスの人びとは国王側につく。ジョフロワ・マルテル、トゥルーズを奪取。《ノルマンディ》和平締結。

一〇五八年

◇ユーグ・ド・スミュール、マルシニ〔ソーヌ＝エ＝ロワール県南部〕に女子修道院創立。

《ノルマンディ》アンリ一世とギヨーム・ル・バタールのあいだに新しい紛争。ヴァラヴィル〔カルバドス県〕でアンリ一世敗北。

一〇五九年

5／23アンリ一世子フィリップ（一〇五二年生）、ランスで戴冠。* 《イタリア》ノルマン浪人ロベール・ギスカール、プーリア、カラブリア侯。**

◇ラテラ宗教会議、教皇選挙をローマの聖職者に委任。

*カペー朝の伝統に従ってアンリ一世は七歳の長男を戴冠させている。まず僧俗相方の重臣会議の承認を受けると聖別式が行なわれる。式上、大司教はクロヴィスが洗礼を受けたときに聖霊が運んできたとされる聖油で塗油の儀式を行なうと、国王には常人にはない力が授けられる。たとえば、結核患者の瘰癧に手を触れるだけで瞬時に快癒させることができる〔訳注〕。

**文なしの浪人からプーリア侯に成り上がったロベール・ギスカール（ノルマン方言で「狡猾な」）は、一〇七〇年一月には弟ロジェと力を合わせてパレルモを攻める。奇襲の成功に続いて外交的手腕を発揮した彼は、兵力の圧倒的な劣勢にもかかわらず、シチリアをノルマン人の王国にしてしまう〔訳注〕。

一〇六〇年

◇一〇五九〜六〇年頃、アンリ一世、パリのサン＝マルタン・デ・シャン律修参事会教会に基金提供。

8／4アンリ一世死、フィリップ一世後継（叔父のフランドル伯、ボードゥアン五世、一〇六七年死、後見）。《アンジュ》ジョフロワ・マルテル死。

◇一〇六〇年頃、一身専属臣従礼の登場。* 『聖女フォワの歌』（オック語で書かれた最古の文学作品）。

*この頃ノルマンディ侯の証書のなかで「封臣（ヴァサル）」という語が始めて登場する。従来の主従関係では、臣下は複数の主君とかなり復綜した臣従関係を結んでいるのが普通であったが、この頃より領主―封臣の関係は一対一に移り、次の四つの場合には金銭的負担が臣下に課せられるようになる。主君が（1）十字軍に出征、（2）捕虜となったときの身代金、（3）長男の騎士叙任式、（4）長女の嫁入り、である〔訳注〕。

◇一〇六〇～二年頃、カンのサント＝エティエンヌおよびトリニテ大聖堂建設（↓一〇八〇年）。

◇一〇六三年、ピエール・ダミアン、教皇特使任命。《スペイン》教皇アレキサンデル二世の呼びかけによる「レコンキスタ」の開始：アキテーヌ侯、エブル（二世）・ド・ルーシの参加。

一〇六六年　《イギリス》1／5エドワード懺悔王死。9／29ノルマン人、イギリス上陸。10／14ノルマン人、ヘースティングズの合戦勝利。12／25ギヨーム（ウィリアム）・ル・バタール、イギリス王として聖別受ける。

一〇六七年　《アンジュ》ジョフロワ・マルテル甥でサントンジュ地方とソミュールの相続人、アンジュ伯フルク四世（「怒りんぼ」）、トゥレーヌおよびガティネ地方の相続人の弟ジョフロワ（「髭」）をアンジェに撃破。

◇マナセ、ランス司教。フルーリ大修道院建設（↓一一〇七年）。

一〇六八年　《アンジュ》ジョフロワ、ブリサックに敗北ののち、フィリップ一世、ガティネ地方を入手。

一〇七〇年　《フランドル》ボードゥアン六世死。

一〇七一年　◇ル・マンに「コミューン」設立のはじめての試み失敗。
《フランドル》ロベール・ル・フリゾンと敵対しているフランドル女伯を助勢のため、フィリップ一世の第一回遠征。2/21フィリップ一世、カッセルで敗退。

一〇七二年　フランドルのボードゥアン五世に割譲したコルビー〔アミアン東一五キロメートル〕、王領に合併。
◇一〇七五年、教皇グレゴリウス七世、司教が俗人より司教職を受領することを禁止。叙任権闘争の始まり（↓一一二二年九月二十三日、ウォームス政教条約）。三月、グレゴリウス七世『教皇書簡』。

一〇七六年　《ヴェクサン》ラウール伯の死（一〇七四年）後、子シモンの修道院入りにより、伯領は王領に併合。
◇エティエンヌ・ド・ティエールによるミュレ大修道院創設、グランモン教団の起源となる。ユーグ・ド・ディ、アマ・ドレロン、フランスにおける教皇特使（↓一〇八二年）。カンブレの反乱、司教により鎮圧。
◇一〇七七年、九月、オータン教会会議。ユーグ・ド・ディ、司教たちをグレゴリア改革に駆り立てる。バイユーのタピスリー（↓一〇八二年）。
◇一〇七八年、アンセルムス、ベク＝エルーアン大修道院の小修道院長ならびに学頭。

一〇七九年　《ノルマンディ》フィリップ一世、父ギヨーム征服王と抗争中のロベール・クルトゥーズ（「短靴」）に加勢。ギヨームのジェルブロワ〔ボーヴェ北西二〇キロメートル〕での敗北後、フィリップ一世ジゾールを確保。

◇教皇グレゴリウス七世、リヨン大司教（司教区は神聖ローマ帝国内にある）をガリアの首座司教に任命。サン＝マルタン・デ・シャン小修道院、フルーリ（一名サン＝ブノワ＝シュール＝ロワール）大修道院を母院とする。
◇一〇八〇年、リルボン地方教会会議、ノルマンディの聖職者改革に着手。
◇一〇八〇年頃、サン＝カンタン、ボーヴェでの「コミューン」設立。
◇一〇八〇～一一〇〇年頃、アングロ・ノルマン方言で書かれた、最古の武勲詩『ローランの歌』祖形なる。*

*『ローランの歌』（佐藤輝夫訳）、ちくま文庫・中世文学集Ⅱ、筑摩書房、一九八六年〔訳注〕。

◇一〇八一年、サントのサン＝テュトロプ建設（→一〇九六年）。
◇一〇八二年、新しい種類の国王命令書「マンドマン」（主として経理、訴訟関係）登場。
◇一〇八四年、トルコ軍、アンティオキア奪取（一〇八七年、エデッサ占領）。ブリュノによるシャルトルーズ（カルトゥジオ）会修道会創立。

一〇八六年　《アキテーヌ》ギヨーム九世、アキテーヌ侯（→一一二七年）。

一〇八七年　9／9ギヨーム（ウィリアム）一世征服王死（ノルマンディ→長男ロベール・クルトウーズ後継）。

一〇八八年　サン＝ジルのレモン四世によるトゥルーズ伯領とナルボンヌ伯領の合併。
◇一〇八八年頃、武勲詩*『ギヨームの歌』。

*武勲詩（シャンソン・ド・ジェスト）は歴史的出来事を主題にしている語りもの文学である。各々の作品の登場人物を中心としていくつかの系統に分類することができる。シャルルマーニュを中

心とした『ローランの歌』と並んでギヨームを中心人物に置いた一群の作品がある。この主人公ギヨームとは八世紀末のボルドー領主のことで、彼は七九三年、カルカソンヌ付近でスペインから侵入したサラセン人を相手に勇名を轟かした〔訳注〕。

◇一〇八九年、ピエール・ド・レトワルによるフォンゴンボー大修道院創設。クリュニ第三の建設始まる（→一一三〇年）。

一〇九二年 フィリップ一世、アンジュ伯フルク四世の妻ベルトラドと再婚のため、ベルトを離縁。

一〇九四年 フィリップ一世、オータン教会会議で破門。

◇一〇九五年、10/25教皇ウルバヌス二世、クリュニ第三の祭壇を聖別。11/8クレルモン教会会議。教皇、フィリップ王の破門を確認し、十字軍を勧説。

◇一〇九六年、10/21隠者ピエール率いる「貧者の十字軍」、トルコ軍によりヘルスクで全滅。ベルナール・ギルドゥアン寄進のトゥルーズのサン＝セルナル教会の祭壇奉献。

一〇九七年 五月、フィリップ一世子、ルイ、騎士叙任。ギヨーム・ル・ルー（「茶髪」）が所有権を主張している、ル・ヴェクサンの帰属を巡って王父子間の闘争の始まり（→一一〇〇年）。

◇（春）諸侯の十字軍、ビザンツ帝国に到着。ヌヴェールのサン＝テティエンヌ教会完成。

◇一〇九八年、《十字軍》（春）エデッサ奪取。6/3アンティオキア奪回。ロベール・ド・モレーム、シトー会設立。

一〇九九年 フィリップ一世、改めて破門。

◇《十字軍》7/15ゴドフロワ・ド・ブーイオン、エルサレム前方に到着。11/27エルサレム陥落。

エルサレム・ラテン王国建国。

一一〇〇年
王太子ルイ、戴冠。教皇パスカリス二世、王国に禁止令敷く。
◇ロベール・ダルブリセル、フォントヴローに現われる。
◇一一〇〇年頃、モワサック大修道院回廊。サン＝サヴァン＝シュール＝ガルタンプのフレスコ壁画。

一一〇一年
フィリップ一世、ブールジュ買収。王太子ルイ、ブーシャール・ド・モンモランシへの遠征。ブーシャール降服。
◇《十字軍》セザレ、十字軍士の手に陥落。

一一〇二年
王太子ルイ、ボーモン＝シュール＝オワーズのマテュー一世とエブル・ド・ルーシへの遠征。
◇一一〇二～七年、ユーグ・ド・フリュリ、イギリスのヘンリー一世に宛てた『権威ある王室と司祭職についての書』。

一一〇四年
フィリップ一世、パリ教会会議に服従。
◇十字軍士、アクラ占領。

一一〇五年
王太子ルイの命令により、モントレリ城を取り壊す。
◇一一〇五～八年頃、パリのサント＝ジュヌヴィエヴの丘で、アベラール講義開始。

一一〇六年
王太子ルイ、レオン・ド・マン＝シュール＝ロワールのもとに遠征。9/28タンシュブレ〔オルヌ県西部〕でイギリス王アンリ・ボークレール一世、兄のノルマンディ侯ロベール・クルトユーズに勝利。

一一〇八年

◇一一〇七年、教皇パスカリス二世、フランス訪問。フィリップ一世、コルビの商人に特権付与。
六月、王太子ルイ、アンボー・ド・サント＝セヴェールを降服させる。7／29フィリップ一世死、後継息子ルイ六世肥満王。8／3ルイ六世聖別。アキテーヌ、ブルゴーニュ、ノルマンディの各侯、臣従礼を拒否。

一一〇九年

◇パリのノートル＝ダム学頭ギヨーム・ド・シャンポー、サン＝ヴィクトル礼拝堂近くに居を定む。ギベール・ド・ノジャン『フランス人による神の御業』。
ルイ六世、エメ二世と戦闘中のアルシャンボー・ド・ブルボン応援のためベリー地方に遠征。ルイ六世とイギリス王アンリ・ボークレール一世との最初の戦い（↓一一一三年）二月〜三月、アンリ一世、ジゾール奪取。ルイ六世とアンリ一世の会見（於プランシュ・ド・ノーフル〔ジゾール近くの村〕）。

一一一〇年

◇《十字軍》7／12レモン・ド・サン＝ジルの息子ベルトラン、トリポリ占領。
ルイ六世、ジゾールでアンリ一世に勝利。
◇一一〇〇年頃、オータンのホノリウス『明晰の書』、アルベリック・ド・ピザンソン『アレキサンダー物語』。

一一一一年

ルイ六世、ユーグ・ド・ピュイゼと交戦。ピュイゼ城三度落城、降服（↓一一一八年）。

一一一二年

アンリ一世と交戦。ルイ六世、ムラン〔ヴェルサイユ南郊〕占拠。
◇ゴードリ司教に敵対するランの「コミューン」、市民層の主導のもと反乱（↓一一一四年、「コミューン」廃止）。

一一一三年　アンリ一世と合戦。ジゾールの休戦。ルイ六世、アンリのメーヌおよびブルターニュへの宗主権認知。
◇ルイ六世、パリのサン=ヴィクトル律修参事会員に後援証書発行。

一一一四年　ルイ六世、ボーヴェ教会会議の介入要請を受けクーシ領主トマ・ド・マルルと抗争。
◇一一一四〜五年頃、ギベール・ド・ノジャン『我が半生の記』。

一一一五年　トマ・ド・マルル、ヌヴィオンおよびクレシ城陥落後降服。ルイ六世、アデライド・ド・モリエンヌ（教皇カリクトゥス二世姪）と結婚。
◇ベルナール、クレルヴォー大修道院長（↓一一五三年）。
◇一一一五年頃、クリュニ大修道院教会内陣の柱頭。

一一一六年　ルイ六世・アンリ一世、第二次戦争（↓一一二〇年）。

一一一八年　一〜五月、ユーグ・ド・ピュイゼ城攻囲。ユーグ降服後、剃髪、聖地巡礼に出発。三月、ルイ六世・アンリ一世、戦争。ルイ六世、フランス側ヴェクサン全土奪取。
◇ルイ六世、ローマを追われた教皇ゲラシウス二世にヴェズレの避難所提供。エティエンヌ・アルディング、シトー会の『慈悲の書』起草（一一一九年、教皇認知）。

一一一九年　《フランドル》ボードゥアン七世死。8/20ルイ六世、ブレミュル〔ユール県〕で敗戦。
◇一月、クリュニで教皇ゲラシウス二世死。ルイ六世、新教皇カリクトゥス二世（↓一一二四年）迎える。十月、叙任権の問題に関してランス教会会議。テンプル騎士団結成。

一一二〇年　ルイ六世・アンリ一世の戦争：合意の締結。11/25「白い船」の遭難*。

◇エティエンヌ・ド・ガルランド、宰相（一一二七年、不興）。エティエンヌ、オバジン大修道院創立。

＊十二月、イギリス王ヘンリー一世（ボークレール「学者」）が家族連れでバルフルール〔シェルブール東〕を出港するとき、「白い船（ラ・ブランシュ・ネフ）」という名の船の船長のたっての望みで王子たちを彼の船に乗せることとなった。ところが「白い船」は沖合いで座礁、沈没、全員が水死した。かくしてヘンリー一世は一人息子の王子ウィリアムを失い、王位の正式な後継者として残ったのは、ハインリヒ五世皇帝の未亡人となっていた娘マティルド唯一人となった。彼女はアンジュ伯フルク五世の息子ジョフロワ・プランタジュネと再婚し、ヘンリー二世の母となる。「白い船」の事件以降、人びとはヘンリー一世の笑い顔に接したことはなかったという〔訳注〕。

◇一一二〇年頃、シャルトル学派最盛期（ベルナール・ド・シャルトル、ティエリ・ド・シャルトル、ジルベール・ド・ラ・ポレ）。

◇一一二一年、ルイ六世、パリの川船輸送業者への課税減額に同意。ソワソン教会会議：アベラールの『三位一体論』糾弾。

一一二二年

ルイ六世、オーヴェルニュ遠征。クレルモン司教エームクをアキテーヌのギョーム九世より庇護のため。＊

◇ピエール尊者、クリュニ大修道院長（→一一五六年）。ルイ六世竹馬の友シュジェ、サン＝ドニ大修道院長（→一一五一年一月十三日）。ノルベール、プレモントレ教団創設。

＊このような遠国までの国王の親征は非常に珍しい事例である（＋一一二六年）。国王軍の軍旗である「聖ドニ旗（オリフラム）」や国王軍の雄叫び「モンジョワ―サンドニ」の登場は、ルイ六世の時代に始まる〔訳注〕。

一一二三年

（第三次）ルイ六世・アンリ一世戦争。アンリ、ハインリヒ五世皇帝と同盟。

一一二四年　三月、アンリ一世、ルージュモンティエ〔ユール県北部〕で戦勝。ルイ六世、陪臣団召集。七〜八月、ランスに向けて行軍中の皇帝軍撤退、三〇年間の休戦締結。
◇第一回ラテラノ公会議：修道士に司祭職実施を禁じ、司教への服従の義務を確認。
◇一一二四〜五年頃、ベルナール・ド・クレルヴォ『弁明』。
◇一一二五年、《フランドル》飢饉。

一一二六年　《アキテーヌ》一〜八月、ルイ六世の遠征。モンフェランの火事以降、アキテーヌ侯降服、臣従を誓う。吟遊詩人（トルバドゥール）の草分けの一人とうたわれたギヨーム九世死。

一一二七年　《フランドル》3/2シャルル・ル・ボン伯の暗殺。ルイ六世、ロベール・クルトューズの息子ギヨーム・クリトンを強引に後継者に推すが成功せず。
◇サン=トメール、フランドル伯より「コミューン」の証書受領。

一一二八年　《フランドル》ルイ六世の遠征。ギヨーム・クリトン、アロスト攻囲戦で死。ルイ六世、ティエリ・ダルザスを伯として承認。《アンジュ》アンジュ伯ジョフロワ・プランタジュネ、イギリスのヘンリー一世娘マチルドを娶る。
◇ランの「コミューン」、司教の死後復活。トロワ教会会議、ベルナール・ド・クレルヴォー起草のテンプル騎士修道会会則を承認。

一一二九年　4/14ルイ六世子、フィリップ戴冠。

一一三〇年　十〜十一月、クーシー領主トマ・ド・マルル叛逆*、ラウル・ド・ヴェルマンドワによる鎮圧。トマ、クーシーで重傷、死。
◇教皇ホノリウス二世死。二教皇の出現：インノケンティウス二世とアナクレトゥス二世。ルイ六世、クリュニ第三を聖別したインノケンティウス二世を支持。

＊「侯にあらず、伯にあらず、我はクーシー領主なり」を標語とするクーシー家は、王権に屈せず、教皇の破門をものともせず、奔放不羈に侵略と略奪に明けくれる封建領主の最後の代表例である〔訳注〕。

一一三一年

10／13王太子フィリップ死。10／18ルイ六世第二子ルイ、ランスで聖別。

◇ラウル・ド・ヴェルマンドワ、宰相。領事館設置に関する最初の記載（於ベジエ〔エロー県南部〕、一一三二年、ナルボンヌにも）。（秋）インノケンティウス二世召集によるランス教会会議。

一一三二年

トマ・ド・マルルの息子、アンゲラン・ド・クーシーに対する軍事行動。

◇ヴェズレー、聖マドレーヌ教会のタンパン（正面入口上部の壁飾り）。

◇一一三四年、ルイ六世、パリ市民に債務者を逮捕する権限を与える。

◇一一三四年頃、フィリップ・ド・タン『動物誌』。

一一三五年

《イギリス》12／1ヘンリー一世死。

◇ルーアン飲食店規約。

◇一一三五～四七年頃、吟遊詩人マルカブランの活躍。

◇一一三六年、ソワソンに「コミューン」の証書授与。

一一三七年

4／9アキテーヌ侯ギヨーム十世、国王に侯領と娘アリエノールの後見を託す。7／25王太子ルイ、アリエノール・ダキテーヌと結婚。8／1ルイ六世死、ルイ七世後継。

◇一一三七年以降、四月、シャンパーニュの市（トロワ、プロヴァン、ラニ、バール＝シュール＝オーブ）規則制定。『ルイの戴冠』（ギヨーム系統の武勲詩）。
◇一一三八年、クリュニ大修道院長ピエール尊者、ピエール・ド・ブリュイ（一一三九年、異端として焚刑）の説に反駁。
◇一一三八年頃、『ニームの輜重（しちょう）車』（ギヨーム系統の武勲詩で内容的には『ルイの戴冠』に続く）。
◇一一三九年、第二回ラテラノ公会議、騎馬槍試合の禁止。フォントネ大修道院建設（↓一一四七年）。
◇一一四〇年、サンス教会会議、ベルナール・ド・クレルヴォーによるアベラール弾劾、『神学入門』糾弾される（アベラール死、一一四二年）。
◇一一四〇年頃、シャルトル大聖堂、西正面建築。オルドリク・ヴィタル『教会史』、『オランジュ奪取』（ギヨーム系統の武勲詩）、『アポロニウス・ド・ティル』。

一一四一年　ルイ七世、トゥルーズ伯アルフォンス・ジュールダンのもとに遠征。ルイ七世、ピエール・ド・ラ＝シャトルのブールジュ司教への選出に異議申立て。
◇一一四一年以前、ユーグ・ド・サン＝ヴィクトル『ディダスカリコン』。

一一四二年　宰相タウル・ド・ヴェルマンドワ、シャンパーニュ伯ティボー四世の姪にあたる妻を離縁し、アリエノール・ダキテーヌの妹ペトロニルと再婚。ルイ七世とシャンパーニュ伯ティボー四世（ピエール・ド・ラ＝シャトル支持、姪擁護）の紛争（一一四三年↓ヴィトリ協定）。

一一四四年　◇一一四二年頃、ピエール尊者、コーランをラテン語に訳させる。
第二ヴィトリ協定：ルイ七世、シャンパーニュから手を引き、ピエール・ド・ラ＝シャトルをブールジュ司教として承認。1／19アンジュ伯ジョフロワ・ル・ベル、ノルマンディ侯となり、ジゾールをルイ七世に割譲。
◇モントーバンに「新市街（ヴィル・ヌーヴ）」建設。ジュジェ『ルイ六世伝』。サン＝ドニ教会内陣奉献式。

一一四五年　12／25ルイ七世、ブールジュで十字軍参加の意志表明。
◇一一四五〜八年、ベルナール・シルヴェストル『コスモグラフィア』。

一一四六年　（復活祭）ベルナール・ド・クレルヴォー、ベズレーで第二回十字軍を勧進。

一一四七年　2／16エタンプで諸侯会議。ルイ七世、十字軍参加中は、宰相ラウル・ド・ヴェルマンドワ、ランス大司教の補佐のもと、サン＝ドニ大修道院長シュジェを摂政に任命（→一一四九年）。《十字軍》六月、ルイ七世、コンラッド三世皇帝軍にラティスボンで合流。十月、小アジアのドルライオンでトルコ軍に敗退。

一一四八年　《十字軍》ルイ七世、アンティオキア、ダマスカス、エルサレム到着。

一一四九年　（春）ルイ七世弟、ロベール・ド・ドリュ反逆。国王帰国。
◇一一五〇年、ユーグ・ド・シャンフルーリ、大法官（→一一七二年）。
◇一一五〇年頃、偽テュルパン『カロルス大帝史』。武勲詩『ジラール・ド・ルーション』。サンス大聖堂、内陣および交差廊建築（→一一八五年）。

一一五一年

◇一一五〇～六〇年頃、シャルトル大聖堂、王の正面玄関完成。

五月、ルイ七世、アンジュ伯ジョフロワと和解（ジョフロワ、九月七日死）。フリードリヒ・バルバロサ、皇帝に選出。

一一五二年

3/21ボージャンシ教会会議：ルイ七世の結婚を無効とする。五月、アリエノール・ダキテーヌ、ジョフロワ・ダンジュ息子アンリ・プランタジュネと再婚。

◇ピエール・ロンバール『金言録』。

◇一一五二年頃、最古の典礼劇『アダム劇』。古代物語の代表作『テーベ物語』。最大の吟遊詩人、最高の抒情詩人ベルナール・ド・ヴァンタドゥールの詩。

一一五四年

ルイ七世、カスティリヤ王女コンスタンスと再婚。トゥルーズのレモン五世、王妹コンスタンスを娶る。国王、サン＝ティアゴ＝デ＝コンポステラ巡礼行。四月、エティエンヌ・ド・ブロワ子ウスターシュ死。ウィリングフォード協定により、後継者としてアンリ・プランタジュネを承認。八月、ルイ七世とアンリ・プランタジュネの和解。ルイ七世、ヴェルノンおよびアキテーヌ侯の称号放棄。12/19エティエンヌ・ド・ブロワの死後、アンリ・プランタジュネ、ロンドンでイギリス王として戴冠、ヘンリー二世となる。

◇ティボー五世・ド・ブロワ、宰相に（↓一一九一年）。ジャン・ド・ソリスベリ『ポリクラティクス』。

一一五五年

6/4ソワソン会議：一〇年間の平和を決議。

◇ロリス・アン・ガティネに「コミューン」証書授与。

一一五六年　◇一一五五年頃、ヴァース『ブリュト物語』（ジョフロワ・ド・モンモスのラテン語『ブリタニア王国史』のフランス語訳）。ラン大聖堂建設（→一二〇七年）。
アンリ・プランタジュネ弟ジョフロワ・ダンジュ、ナント伯（一一五八年の死まで、次弟後継）。

一一五八年　◇一一五七年、「代官」（バイイ）に関する最初の記載（於ムラン）。
8／31ジゾール協定により、ヘンリー二世息子若ヘンリーとフランス王女マルグリットの結婚確定：フランス側ヴェクサンは持参金としてイギリスに贈られる。

一一五九年　六月、ヘンリー二世、ラングドックに出兵。ルイ七世、レモン五世救援に向かう。
◇ピエール・ロンバール、パリ司教（→一一六〇年）。教皇アドリアヌス四世死後、二教皇選出（アレキサンデル三世――フランス、イギリス、スペインを支持、ヴィクトル四世――神聖ローマ帝国支持）。

一一六〇年　11／13ルイ七世（王妃コンスタンス、十月四日死）、アデル・ド・シャンパーニュと再婚。
◇一一六〇年頃、ブノワ・ド・サント＝モール『トロワ物語』（ラテン語作品のフランス語翻案）。ワース『ルー物語』（『ブリュト物語』の続編）。

一一六二年　◇一一六〇〜八〇年頃、リジュー大聖堂建設。
8／29〜9／22ルイ七世とフリードリヒ・バルバロサ皇帝会談、於サン＝ジャン・ド・ローヌ〔ディジョン東南三〇キロメートル〕。
◇一一六三年、教皇アレキサンデル三世、モンペリエ（一一六二年）についでサンスに避難（→一一六五年）。パリ司教モーリス・ド・シュリ、ノートル＝ダム大聖堂建築（内陣一一八〇年完成、身廊一二〇〇年）。
◇一一六四年、カンタベリ大司教（一一六二年六月三日より）トマス・ベケット、ポンティニ〔オーセール北東二〇キロメートル〕、ついでサンスに亡命。

一一六五年　8／21ルイ七世、長男フィリップ誕生。

一一六七年　フランス側ヴェクサンを巡り、ルイ七世・ヘンリー二世、武力衝突（→一一七二年）。
◇一一六七年頃、カラマン「宗教会議」。コンスタンチノープルから来たカタリ派司教ニキタと助祭マルク・ド・ロンバルディア、カタリ派集団の幹部に秘儀伝授。

一一六九年　1／6ルイ七世・ヘンリー二世、モンミライユ会談。11／11同第二回会談（於モンマルトル）。

一一七〇年　7／20〜22ラ・フェルテ＝ベルナール会談。トマス・ベケットのイギリス帰国（12／29カンタベリ大聖堂で暗殺）。
◇一一七〇年頃、「ルーアン都市法」制定。クレティアン・ド・トロワ『エレックとエニード』。ランス、サン＝レミ大聖堂（バジリカ）内陣（ピエール・ド・セル作）。サンリス大聖堂、聖母マリアの正面玄関。
◇一一七〇〜八〇年頃、ノワイオン大聖堂完成。

一一七一年　マルグリット・ド・フランスと若ヘンリー結婚（若ヘンリーは一一七〇年六月十四日、ヨーク大司教の手で戴冠）。5／21ルイ七世・ヘンリー二世、アヴランシュ協定。
◇ユダヤ人に対する宗教上の理由に基づく殺人罪の最初の告訴。*

*ユダヤ人が宗教上の秘儀に用いる目的で殺人を行なうとする俗信は、中世を通じて広まっていた。

多くの場合は赤子の死体を黒焼きにして秘儀に必要なその粉末を得るための殺人を意味していたようである〔訳注〕。

一一七三年

◇一一七一年頃、アラン・ド・リール『説教集』。

2/25トゥルーズ伯レモン五世、ヘンリー二世に臣従礼をとる。9/24ルイ七世・ヘンリー二世、ジゾール会談。

◇リヨンの商人ピエール・ヴォーデの回心、清貧に帰依：ヴァルドー派運動の発端。

一一七四年

ルイ七世、若ヘンリーによる父ヘンリー二世への叛逆支援。9/24ルイ七世・ヘンリー二世、モンルイ条約。

◇一一七五年頃、『狐物語』第一作登場*、ブノワ・ド・サン=モール『ノルマンディ史』。エティエンヌ・ド・フージェール『礼儀作法の書』。吟遊詩人ベルトラン・ド・ボルン活躍。

*『狐物語』（鈴木覺／福本直之／原野昇訳）、白水社、一九九四年〔訳注〕。

一一七七年

9/21ルイ七世・ヘンリー二世、ノナンクールの和議。

◇一一七七年頃、クレティアン・ド・トロワ『荷車の騎士』*。吟遊詩人ペイル・ヴィダル活躍。アヴィニョン、サン=ベネゼ橋建築（→一一八五年）。

*クレティアン・ド・トロワ「ランスロまたは荷車の騎士」（新倉俊一／神沢栄三／天沢退二郎訳）、『フランス中世文学集2』、白水社、一九九一年〔訳注〕。

◇一一七八年、教皇特使ピエール・ド・パヴィ、カタリ派に抗する最初の工作開始（トゥルーズ、カストル）。

一一七九年

11/1王太子フィリップ（十六歳）聖別式、（於ランス、母方の叔父ギョーム・ド・シャンパーニュの手で）。

◇第三ラテラノ公会議：全司教に司教区での学校設置、ピエール・ロンバールの『金言録』を神学入門書として採用するよう呼びかける。教皇アレキサンデル三世は必要とする人には誰にでも「学士号」を授与するよう命令。

◇一一七九年頃、クレティアン・ド・トロワ『ランスロ』。

一一八〇年

王太子フィリップ、シャンパーニュ党（ランス大司教ギヨーム、シャンパーニュ伯アンリ一世、宰相ティボー・ド・ブロワ一世、エティエンヌ・ド・ソミュール）と確執生じ、フランドル伯フィリップ・ダルザスと同盟。4/28フィリップ、フィリップ・ダルザス姪エリザベス・ド・エノー娶る（アルトワ地方、持参金となる）。9/19ルイ七世死、フィリップ後継。

◇2/15フランス王国の全ユダヤ人の逮捕を予知させる勅令。パリ大学の最初の学寮設立。

◇一一八〇年頃、アラン・ド・リール『アンティクラウディアヌス』、クレティアン・ド・トロワ『イヴァン』、マリ・ド・フランス『短詩（レ）』、ベルール『トリスタン』*、『アンティオキアの歌』、『エルサレムの歌』。飛び梁の発明。

＊ベルール「トリスタン」、前出『フランス中世文学集1』、白水社、一九九一年〔訳注〕。

◇一一八〇年以降、クレティアン・ド・トロワ『ペルスヴァル*（聖杯物語）』。

＊クレティアン・ド・トロワ「ペルスヴァルまたは聖杯の物語」、前出『フランス中世文学集2』〔訳注〕。

第四章　フィリップ・オーギュストからシャルル四世まで（一一八〇〜一三二八年）

一一八一年　5/14フランドル、シャンパーニュ、ブルゴーニュの各君主、対フランス国王フィリップ・オーギュストの同盟を結ぶ。

一一八二年　フランドル伯妃イザベル・ド・ヴェルマンドワ継承問題発端*。

◇オーセール司教によるル・ピュイの「白頭巾党**」の活動弾圧。ピエール・ヴォーデ、リヨン大司教の禁止にもかかわらず、説教活動を続行。ユダヤ人追放および財産没収（→一一九八年）。

パリ食肉業者の規約承認。ボーモン＝タン＝アルゴンヌ証書、地方「コミューン」の範例となる。

*ヴェルマンドワ伯でフランス宰相をつとめるラウルのあとを息子のラウル二世が継いだが、彼が一一六八年に死ぬと、後継者には二人の妹しか残らなかった。姉イザベルはフランドル伯に嫁し、妹アリエノールはフィリップ二世の側近マテュー・ド・ボーモンの妻である。ヴェルマンドワ伯家の遺産は国王の了解のもとに姉イザベルがすべて継いだが、彼女が一一八三年に死ぬと、今度は遺産をアリエノールに相続させようとはからう国王とフランドル伯のあいだに争いが生じた〔訳注〕。

**「白頭巾党」は、夜盗化した傭兵団の横行に立ち向かった民衆運動である。中央山岳地帯のル・ピュイの大工デュランのもとに聖母マリアが現われ、司教と協力して平和を願うすべての人びとを結集して「党」をつくるよう命じた。大工の創設した軍事組織はまたたく間に拡がり、数カ月でその目的を奇跡的に達成したが、今度は民衆の力が既成の権力を攻撃することを恐れた教会、諸侯に弾圧されることとなる〔訳注〕。

一一八三年　《イギリス》ヘンリー二世長男、若ヘンリー死。
一一八五年　◇一一八三年頃、パリ司教モーリス・ド・シュリ、シテ島のなかに一二教区を組織。◇一一八四年、ヴァルド派、異端の宣告を受ける。◇一一八四年頃、アラン・ド・リールの説教。
七月、ボーヴ条約：フィリップ・オーギュスト、フランドル伯よりヴェルマンドワ、アミアンを獲得、アルトワにも期待つなぐ。《オリエント》サラディン、アレッポ奪回（エルサレム、一一八七年）。
一一八六年　◇大法官ユーグ・デュ・ピュイゼの代わりに国璽尚書任命。パリ、道路の舗装。フィリップ・オーギュスト、ブルゴーニュ侵攻。ブルゴーニュ、ユーグ三世降服。フィリップ・オーギュストとブルターニュ侯ジョフロワ（ヘンリー二世第三子）、リチャード獅子心に抗して同盟。八月、ジョフロワ、フランス宮廷で死。
一一八八年　◇フィリップ・オーギュスト、サンスの「コミューン」再建。フィリップ・オーギュストとリチャード獅子心、ヘンリー二世に抗して同盟。◇フィリップ・オーギュスト、聖地解放のため提唱した「サラディンの十分の一税」に対して聖職者側支払い拒否を表明。
一一八九年　フィリップ・オーギュスト、メーヌ、トゥレーヌ、アンジュ、ペルシュを手中に収める。七月、アゼ〔トゥール南西二〇キロメートル〕でのヘンリー二世の降服。7/6ヘンリー二世死。リチャード獅子心、ノルマンディ侯およびイギリス王として後継（リチャード一世）。
一一九〇年　6/24フィリップ・オーギュスト、遺書で十字軍出陣中の政府組織を指示。《十字軍》

7／4第三回十字軍へ、フィリップ・オーギュストとリチャード獅子心、ヴェズレより出立。

◇パリ、ルーヴル宮殿建設、王国の首都の観を呈す。セーヌ右岸での「フィリップ・オーギュスト壁」建造。

◇一一九〇年頃、武勲詩『アスプレモン』。

一一九一年

《十字軍》三月、フィリップ・オーギュストとリチャード一世間のメシーヌ協定。4／20～7／13アッカ攻囲戦中フランドル伯死、フィリップ・オーギュスト後継問題解決のため帰国決意。

◇ティボー・ド・ブロワ死後、宰相の職務消滅*。

*「宰相（セネシアル）」職は以後、「大法官（コネターブル）」「大執事（グラン・メートル）」に分化する。

◇一一九二年、パリ、水上運輸業者組合への特権譲渡（＋一二〇〇、一二〇四、一二一四、一二二〇年）。

ブリ＝コント＝ロベール〔パリ東南郊〕でのユダヤ人虐殺。

一一九三年

8／14フィリップ・オーギュスト、王妃イザベル・ド・エノーの死（一一九〇年）に伴い、デンマーク王女インゲブルゲと再婚、翌日離縁。インゲブルゲの父クヌート六世王、教皇に提訴。

一一九四年

五月、フィリップ・オーギュスト、弟ジャンと組んだリチャード一世と合戦（→一一九九年）。7／3フレトヴァル〔オルレアン西五〇キロメートル〕の敗戦：フィリップ・オーギュスト、財宝・公文書を戦場に放棄*。

◇ジル・ド・コルベイユ着任によりパリ大学での医学教育の水準上昇。火事により中断のシャルトル大聖堂建築再開（一二六〇年奉献）。

＊この頃まで、首都、王宮の概念はうすく、国王のいるところへ貴重品も同時に移動させるのが普通であった。そのうえ習慣法は文字にされた証書よりも、誓い、証言、約束といった行為に重きをおいていたため、文書に対する評価はあまり高くなかった。この敗戦を契機にフィリップ二世は安全な場所への文書保管の必要を感じて、シテ島の王宮の塔の一つを文書庫にあてることにする。国王よりその保管、整理を命じられた侍従ゴーティエ・ド・ヴィラールがフランスで最初の古文書保管人（アルシヴィスト）となる〔訳注〕。

一一九六年　◇一一九四～七年頃、エリナン・ド・フロワモン『死の詩』。

◇一一九五年頃、司教アンリ・ド・シュリによるブールジュ大聖堂建設（→一二二五～三〇年）。

フィリップ・オーギュスト、アニェス・ド・メラニーを娶る。

一一九七年　◇リゴール『フィリップ・オーギュストの武功』。

オットー・フォン・ブルンシュヴィク皇帝の後押しによる反フィリップ・オーギュスト同盟に、フランドル伯ボードゥアン九世、ルノー・ド・ダマルタン、ルイ・ド・ブロワ、トゥルーズ伯レモン六世参加。《フランドル》イプルでフィリップ・オーギュスト敗戦。10/18ボードゥアン九世、サン＝トメール入城。

◇パリ、ノートル＝ダム学頭ピエール・ド・シャントル死。アレクサンドル・ド・ヴィルデュ『ドクトリナル』（文法書）。

9/28フィリップ・オーギュスト、リチャード一世に敗北（於クールセル〔パ＝ド＝カレ県〕）。

一一九八年　◇フルク・ド・ヌイイ、高利、売春に反対する説教、新十字軍を提唱。

一一九九年

◇一一九八～一二〇二年、ジャン・ボデル『聖ニコラ劇（フランス語最古の奇跡劇）』。

4/6リチャード一世戦死、於リムーザン、シュリュ攻囲戦。ジャン欠地王後継。五月、フィリップ・オーギュスト、反ジャン同盟をジャン甥アルテュール・ド・ブルターニュと結ぶ。

◇教皇インノケンティウス三世、フィリップ・オーギュストの離婚および再婚に対してフランス王国に禁止令布く。

一二〇〇年

5/22グーレ条約：フィリップ・オーギュスト、ベリーを確保し、ブルターニュを放棄。5/23フィリップ・オーギュスト子ルイ、ブランシュ・ド・カスティーユ（ジャン欠地王姪）と結婚、持参金としてエブルーをもたらす。

◇フィリップ・オーギュスト、パリ大学に最初の特権認可。

◇一二〇〇年頃、アリストテレス哲学、パリで教えはじめられる。アレクサンドル・ド・ヴィルデュ『算術集成』（羅針盤に関する最初の記述）。

一二〇一年

◇一二〇〇年以降、『散文ランスロ』。

十一月、アニェス・ド・メラニー死（八月）後、教皇インノケンティウス三世、彼女の二人の子を嫡出子として認知する。*

＊フィリップ・オーギュストが一方的にインゲブルゲ妃を離縁したため、教皇インノケンティウス三世はフランス王国に禁止令を敷いた。フィリップ・オーギュストはやむなく表面的にはアニェスをポワシーの修道院に入れ、インゲブルゲとの形の上での復縁を取り繕わざるをえなかった。さらにフィリップは、初婚の妻イザベルとのあいだに男子が一人しかいないため、王位継承時の不安を感じ、教皇にアニェスとのあいだに生まれた二子を認知するよう働きかけ、成功した。結

果的には嫡子ルイはルイ八世として王位を継ぎ、アニェスとのあいだの二人の子どものうち男子フィリップ・ユルペルはブーローニュ伯領の継承者マオー・ド・ダマルタンと、女子マリはフィリップ・ド・エノーと結婚することになる〔訳注〕。

一二〇二年

四月、ジャン欠地王、ユーグ・ド・リュジニャン九世の息子の婚約者横取りにより、重臣会議から弾劾される。六月、フィリップ・オーギュスト、ノルマンディ侵攻。

◇ボニファス・ド・モンフェラ侯、第四回十字軍の総帥に選出さる。王家の財宝はテンプル騎士修道会に預ける。この年の代官、郡代役所の収入・支出出納原簿は現存する最古の経理資料。

◇一二〇二年頃、『エムリ・ド・ナルボンヌ』（シャルルマーニュ系武勲詩）。

一二〇三年

ミルヴォー〔ポワティエ北西三〇キロメートル〕幽閉中のアルテュール・ド・ブルターニュ暗殺さる。九月、フィリップ・オーギュスト、シャトー＝ガイヤール（一一九六年建）攻囲（↓一二〇四年）。

◇教皇インノケンティウス三世、シトー修道院長をカタリ派撲滅のためラングドックに派遣。《十字軍》6／24コンスタンチノープル攻略（↓一二〇四年4／12）。

一二〇四年

三月、フィリップ・オーギュスト、ノルマンディ、トゥレーヌ、アンジュ、ポワトゥーを奪取（↓一二〇八年）。

◇於ノルマンディ、アンジュ貨はトゥール貨に切りかえられる。パリ、ルーヴル宮殿円塔建築（↓一二二〇年）。

◇一二〇六年説教師教団ドミニコ会創立者ドミニク・ド・グズマン、モンペリエ周辺で説教。九月、王令でユダヤ人の貸付金に対する最高利息を四五パーセントに定める。

◇一二〇六年頃、ギオ・ド・プロヴァン『ギオの聖書』。
◇一二〇七年、トゥルーズ伯レモン六世破門。プルイユ〔カルカソンヌ西二〇キロメートル〕にドミニコ会士の最初の共同体建設。ペロン〔クリュニ東一〇キロメートル〕に「コミューン」証書。ヴィルアルドゥアン『コンスタンチノープルの占領』*。

*ジョフロワ・ド・ヴィルアルドゥアンはシャンパーニュの騎士で第四回十字軍に参加。十字軍がなぜキリスト教国を攻めたのか、その動機と正当性をキリスト教国に説得するべく書かれたのがこの作品である。正確な情報と個人の観察を含む記述は精彩に富んでおり、フランス語で書かれた新しい文学ジャンルとして年代記の最初の傑作とされている〔訳注〕。

一二〇八年　1/12教皇特使ピエール・ド・カステルノ、トゥルーズ伯の臣下に暗殺さる。インノケンティウス三世、十字軍勧説。

一二〇九年　王太子ルイ騎士叙任。6/18トゥルーズ伯、レモン六世公開懺悔。七月、アルビ十字軍開始、シモン・ド・モンフォール、ベジエ攻略、大虐殺。九月、カルカソンヌ陥落後、シモン・ド・モンフォール、伯に叙され、ラングドック征服（↓一二一五年）。

一二一〇年　オットー・フォン・ブルンシュヴィク皇帝、フィリップ・オーギュストの後押しするフリードリヒ・フォン・ホーヘンシュタウヘンと争う。
◇アリストテレスに関する講義、パリで禁止（↑一二一五年）。
◇一二一〇年頃、トゥルーズ大聖堂建設。
◇一二一一年、モン＝サン＝ミシェル大修道院の「北面新館（メルヴェイユ）」建設（↓一二二八年）。

一二一二年　ジャンヌ・ド・フランドル夫フェラン・ド・ポルテュガル、ルイ・ド・ダマルタン、ジャン欠地王、反フィリップ・オーギュスト同盟を結ぶ（↓一二一三年）。ホーヘンシユタウヘン家のフリードリヒ二世神聖ローマ皇帝に選出（一二一五年、二度目の聖別）。
◇十一月、「パミエ法典」によるラングドックの行政整備。* 少年十字軍。** マルセイユ、「聖霊講」、司教にコミューン体制を強要。

* シモン・ド・モンフォールによるアルビ十字軍ののち、南仏で施行された法体系はすべからく北フランス、なかでもパリ地方のそれに改変され、裁判、所領管理、相続等全般に従来の制度とは大幅に異なるパリ地方の慣習が持ち込まれた〔訳注〕。

** 純粋無垢であるべき聖地回復の悲願が諸侯の政争の具になっている現実を前にして、民衆の憤激が極端な形で現出させたのが数千人の十二、三歳の少年少女から成る「少年十字軍」である。オルレアン地方の羊飼いの少年エティエンヌを首領と仰ぐ一団は六月末、ヴァンドームから炎暑のなかをマルセイユに辿りついた。二人の船主が彼らのために無料で七隻の船を提供してくれることになった。うち二隻はサルディニア付近で難破して果て、残り五隻の生き残りはアルジェリアやエジプトで奴隷に売りとばされた。これから一八年後、カイロのスルタンのもとで通訳に使われていた一人がとくに許されて故郷に戻り、事件の一部始終が明らかになった〔訳注〕。

一二一三年

四月、王妃インゲブルゲ、王宮に呼び戻される。* フィリップ・オーギュスト、イギリス上陸の準備にかかる。《フランドル》五月、伯領侵攻、フェラン伯（伯領継承者ジャンヌ・ド・フランドル夫）ジャン欠地王に救援求む。ダム〔ベルギー、ブルージュ北東五キロメートル〕でフランス艦隊壊滅。9／12ピエール・ダラゴン、トゥルーズ伯の救援にかけつけミュレ〔トゥルーズ西南二〇キロメートル〕で敗北、戦死。
◇インノケンティウス三世教令、異端裁判を制定。

* フィリップ二世は前妻イザベル・ド・エノーをなくしたのち、対イギリス同盟の目論見もあり、デンマーク王女インゲブルゲと再婚（一一九三年八月）。彼女が美人であったことは同時代の人

びとの証言に明らかであるが、何ゆえか新婚の初夜にフィリップは極度の嫌悪の情を彼女に示し、一方的破談を宣言した。教皇インノケンティウス三世は離婚を認めず、父王は娘を返すよう要求したにもかかわらず、彼女は以後二〇年のあいだ幽閉の日々を余儀なくされる。彼女が最後の一〇年を過ごしたエタンプ〔パリ南郊〕のギネット塔に迎えに来たフィリップはこう呼びかけたと言う。「奥や、お出でなされ。そなたのいるべき場所は余のかたわら、玉座の上でござるよ。」以後二人のあいだには夫婦の営みはなかったが、王妃はそれでも遺言状にサン＝ドニに葬られるよう言い残している〔訳注〕。

一二一四年　2／16ジャン欠地王、ラ＝ロシェル上陸。4／25王太子ルイとブランシュ・ド・カスティーユの第五子ルイ誕生（於ポワシー）。7／2王太子ルイ、ラ＝ロシュ・オ・モワヌでジャン撃退。7／27ブーヴィヌ〔リール近郊〕の戦い：フィリップ・オーギュスト、オットー皇帝・フランドル伯・ブーローニュ伯を打ち破る。*

＊フランス史のなかでも最も象徴的意味をもつ合戦の一つである。騎兵の働きが闘いの決定的要素となり、そのうえ総帥のオットー皇帝が乗馬の負傷のため戦線を離脱したことがフィリップ二世軍の士気を高めるのに役立った。イギリスの財政的援助のもとに展開されたこのイギリス、ドイツ、フランドル連合軍に対するフランスの勝利は国王を中心とする国民的団結の最初の成果であった〔訳注〕。

一二一五年　アルビ十字軍：シモン・ド・モンフォール、トゥルーズ、ナルボンヌ奪取。十一月、第四ラテラノ公会議：トゥルーズ伯にボーケール、ニーム、プロヴァンス、ローヌ川渓谷を残す。教皇特使ロベール・ド・クールソン、パリ大学に最初の学則を承認。

一二一六年　ロベール・ダルトワ誕生。《イギリス》5／21王太子ルイ上陸。10／19ジャン欠地王死、子ヘンリー三世（七歳）後継。

◇一二一六〜二〇年、ギヨーム・ル・ブルトン『フィリップ・オーギュストの武功』。

一二一七年　4/22王太子ルイ、リンカーンで敗戦。4/24フランス艦隊、カレーで壊滅。9/1ランベス条約。
◇ドミニコ会士、パリ定着。
◇一二一七年頃、ル＝マン大聖堂建設。

一二一八年　シモン・ド・モンフォール四世、トゥルーズ攻囲で戦死。
◇一二一九年、パリにフランシスコ会士定着。十一月、教皇ホノリウス三世勅書〔「高きを越えて」〕によりパリで市民法の講義禁止。

一二二〇年　アルフォンス・ド・ポワティエ誕生。
◇モンペリエ大学医学部学則制定。
◇一二二〇年頃、ピカルディ開拓発展（↓一二五〇年）。アルビジョワ地方、要塞都市建設盛んとなる。司教エヴラール・ド・フーイヨワにより焼失後のアミアン大聖堂の建設（↓一二六八年）。
シャルトル大聖堂ステンドグラス。

一二二二年　九月、フィリップ・オーギュスト、聖地防衛と王国に関する遺言。

一二二三年　7/14フィリップ・オーギュスト死、最初の大宮中葬。ルイ八世後継。
◇11/8ユダヤ人に関する王令。

一二二四年　偽ボードゥアン・ド・フランドル事件*。ルイ八世・ヘンリー三世の戦争。六月、ポワトゥー遠征。7/15〜8/3ラ＝ロシェル攻囲：ラ・ロシェル、ルイ八世への臣従を宣誓。
◇ロンバルディア人、パリ定住許可証書。ボルドー、反司教暴動：選挙により地方自治体設置。

＊フランドル伯の偽者がリールに現われたが、ルイ八世に見破られ絞首刑にされた〔訳注〕。

一二二五年
六月、ルイ八世、遺産分与（王冠・ノルマンディ侯領→王太子ルイ、メーヌ→ロベール・ダルトワ、アンジュ→ジャン（→一二三二年死）、ポワトゥー・オーヴェルニュ→アルフォンス）。
《ガスコーニュ》リシャール・ド・コルヌアイユの遠征。
◇リムーザン地方、アントワヌ・ド・パドゥー説教。十一月、金銭鋳造所整備証書。
◇一二二五〜三〇年頃、ゴーティエ・ド・コワンシ『聖母マリアの奇跡』。散文『トリスタン集成』。『聖杯の探索』。

一二二六年
ルイ八世、ラングドック遠征。一〜五月、ブールジュおよびパリ会議：シモン・ド・モンフォールの息子、ルイ八世に権益返上。五月、アヴィニョン攻囲、ラングドック制圧。11／3ブランシュ・ド・カスティーユ、摂政就任。11／8ルイ八世死、於モンパンシエ。11／29後継ぎルイ九世、ランスで聖別。

一二二七年
一月、ブーヴィヌ戦の捕虜フェラン・ド・ポルテュガル釈放（一二三三年7／27日死）。（春）反摂政諸侯同盟：ブルターニュ伯ピエール・モークレール、ティボー・ド・シャンパーニュ四世、ユーグ・ド・リュジニャン十世。3／16ヴァンドーム条約：ピエール・モークレール、ユーグ・ド・リュジニャン、臣従礼を取る。
◇ナルボンヌ教区会議。

一二二八年
諸侯再び同盟（ルイ八世弟フィリップ・ユルペル、ドリュ、シャティヨン、クーシー各領主）。ルイ九世、モンレリ〔パリ南郊三〇キロメートル〕で拉致未遂。
◇ロワイヨーモン大修道院創設。ギヨーム・ドーベルニュ、パリ司教（→一二四九年）。
◇一二二八年頃、トマ・ド・カタンプレ『事物の性質について』（→一二三四年）。

一二二九年

十月、ベレーム城を一月にブランシュ摂政に落とされたため、ピエール・モークレール、ヘンリー三世に臣従礼を取る。ルイ九世、諸侯に軍役を課す。《ラングドック》4／12〜20モー条約：トゥルーズ家の財産分配、国王、アルビジョワ北部を治める。九月、フォワ伯、降服。

◇トゥルーズ教会会議：フランス国内における異端糾問所設置について。ボーケール、カルカソンヌに国王代官区設置。トゥルーズ大学創設。二月、パリ大学ストライキ、フランシスコ会士の不参加（↓一二三一年）。トゥルーズ、ジャコバン教会建設。

一二三〇年

一〜五月、ピエール・モークレールへの軍事行動。5／3〜10／2ヘンリー三世、サン＝マロ上陸、ポワトゥ地方、ボルドーまで軍事行動。七〜九月、シャンパーニュ伯とブルゴーニュ侯、合戦。国王、シャンパーニュ出陣、両軍の合意成立。

◇十一月、ムラン王令：ユダヤ人に利息付貸金禁止（＋一二五四年、一二五八年）。

◇一二三〇年頃、ジャック・ド・ヴィトリの説教集。『アーサー王の死』*。シャルトル大聖堂バラ窓（ルイ九世、ブランシュ・ド・カスティーユ寄進）。

＊前出『フランス中世文学集4』、白水社、一九九六年〔訳注〕。

一二三一年

7／4ルイ九世とピエール・ド・モークレール、サン＝トーバン・デュ・コルミエの休戦。

◇教皇勅書「諸学の父」、パリ大学の特権制定。サン＝ドニ大修道院の内陣再建。

◇一二三三年、一月、ボーヴェ市民反乱。四月、異端糾問所、ラングドックに設置、ドミニコ会士に運営一任。

一二三四年　四月、ティボー・ド・シャンパーニュ四世、ナヴァール王（↓一二五三年）。4/25ルイ九世、成年。5/27ルイ九世、マルグリット・ド・プロヴァンス（レモン＝ベランジェ五世娘）と結婚。六月、ピエール・モークレールとの合戦再燃。ピエール、ル・ペルシュ地方の城失う。九月、アリクス・ド・シャンパーニュとの合意のうえで、ティボー四世、ルイ九世にブロワ、シャルトル、サンセールの各伯領およびシャトーダン副伯領の支配権を譲渡。

一二三五年　フランドル継承問題、ダンピエール家に有利な第一次合意。
◇九月、諸侯は陪臣に対して、民事事件を教会裁判所に提訴することを禁止。
◇一二三五年頃、『挿絵入り聖書』。ランス大聖堂の彫刻。

一二三六年　六月、ティボー・ド・シャンパーニュ四世娘とピエール・モークレールの息子との結婚ののち、国王の軍役令発令。七月、ティボー四世、帰順。
◇一二三六年頃、ギョーム・ド・ロリス『バラ物語』*。

*ギョーム・ド・ロリス／ジャン・ド・マン『薔薇物語』（篠田勝英訳）、平凡社、一九九六年〔訳注〕。

一二三七年　6/7ロベール・ダルトワ、騎士叙任。十一月、ピエール・モークレール子ジャン・ル＝ルー、ブルターニュ伯。

一二三九年　二月、ルイ九世、十字軍に出発するジャン・ド・ブレーンよりマコン伯領を買収。
◇六月、《諸侯の十字軍》出発、エルサレム再占領、エルサレム王国の大半取り戻す（↓一二四一年三月）。8/11ルイ九世、ラテン帝国初代皇帝、ボードゥアン二世から買取った茨の冠、サンスで受領。

一二四〇年　八月、ベジエ副伯レモン・トランカヴェル、反乱、カルカソンヌ攻囲。
◇6/24パリ問答：ユダヤ教思想家とキリスト教神学者の議論。
◇一二四〇年頃、バルテルミ・ラングレ『事物の独自性について』。
◇一二四〇〜五年、アミアン大聖堂の金色の聖母マリア。

一二四一年　6/24アルフォンス・ド・ポワティエ、トゥルーズのレモン七世相続人ジャンヌと結婚。十二月、ユーグ・ド・リュジニャン十世（ジャン欠地王の寡婦の夫）叛逆。
◇ロジェ・ベーコン、パリ大学で教授（→一二四七年）。

一二四二年　五月、ヘンリー三世、ユーグ・ド・リュジニャン加勢のためロワイアン上陸。7/21〜22ルイ九世、タイユブール、サントで勝利。* 八月、ユーグ、ルイ九世とアルフォンス・ド・ポワティエに臣従礼を取る。《ラングドック》3/23アヴィニョネ〔グルノーブル南二五キロメートル〕のトゥルーズ伯の館で異端審問官二名暗殺さる。8/17トゥルーズ伯、ナルボンヌ入り。
◇タルムードに関する全書籍焚書の王令。

　＊タイユブール合戦の端緒は王権に抵抗する諸侯の反乱とそれを後押しするイギリスの野心にある。反乱軍の先頭にはマルシュ伯ユーグ・ド・リュジニャンとトゥルーズ伯がいて、シャラント川をはさんでタイユブールの橋で国王軍と対峙した。十字軍出征中の国内の安穏を願うルイ九世は陣頭に立って闘い、勝利をものにし、両伯を完全に臣従させることに成功した〔訳注〕。

◇一二四二年頃、サン＝ドニ大修道院長マチュー・ド・ヴァンドーム、フランス大年代記の編纂開始。

一二四三年　3/12ルイ九世・ヘンリー三世、五年間の休戦締結。《ラングドック》一月、ロリス条約：レモン七世、ナルボンヌ、アルビを放棄、異端追求を約す。三月、モンセギュール攻囲。

一二四四年　《ラングドック》3/20モンセギュール陥落。* 《十字軍》8/23エルサレム陥落。10/17ラ＝フォルビーでフランク軍敗退。十二月、ルイ九世、十字軍参加決意。** 教皇インノケンティウス四世、神聖ローマ皇帝と争い、リヨンに避難。
◇パリ、茨冠安置のためサント＝シャペル建設。***

* 残り少なくなったカタリ派の立て籠もるモンセギュール城に、ベジエ教会会議の決定に従ってカルカソンヌ軍が差し向けられた。落城を前にした籠城軍は三月一日、二週間の休戦を得る。この最後の機会を利用して彼らの復活祭を祝い、救済の秘儀（コンソレメントゥム）を受けた二〇〇名近いカタリ派の信者たちは彼らの信仰を貫いてこの日、攻城軍の用意した巨大な火刑台につぎつぎと飛び込んでいった〔訳注〕。

** 二年前のタイユブール合戦以来マラリアに侵されていたルイ九世は、この熱病のぶり返しのため、十二月二十日朝には意識がなくなっていた。彼が死んだと思った人びとが祈りを始めようとしたとき、国王は意識をとり戻し、次のことばを口にした。「高きにおわします方が神の恵みにより余をお訪ね下さり、余を死者のなかから連れ戻してくださった。」そして彼は、元気をとり戻したならば、十字軍に参加して、一命をとり止めて下さった神に感謝するという誓いをたてた〔訳注〕。

*** 茨冠と真の十字架の一片を納めるためのサント＝シャペル（建築家ピエール・ド・モントルイユ）建設の費用は一〇万リーブルに及んだ。（ちなみにマコン伯領の買収には一万リーブルで充分であった）〔訳注〕。

一二四五年　6/28第一リヨン公会議：フリードリヒ二世に退位を要求。教皇インノケンティウス四世、十字軍を勧説。十一月、ルイ九世、クリュニ大修道院で教皇と会見。
◇三月、フランシスコ会士ジョベンニ・ディ・ピアノ・ディ・カルピーニ（プランカルパン）大使としてモンゴルに派遣。ドゥエ〔リール南二五キロメートル〕の市民運動（ストライキ）。大アルベルトゥス、パリで講義始める（↓一二四八年）。ゴスアン・ド・メス『世界の姿』。

一二四六年　1/31シャルル・ダンジュ、プロヴァンスのレモン＝ベランジェ五世（一二四五年八月死）の相続人ベアトリスと結婚。フランドル継承問題。七月、ルイ九世、エノーをジャン・ダヴェヌに、フランドルをギヨーム・ド・ダンピエールに分配。
◇ベジエ教会会議、異端審問の手続き規定。五月、ルイ九世、エイギュ＝モルトに免税証書下付。

一二四七年　9/27レモン・ド・トゥルーズ七世死後、娘ジャンヌによる相続。
◇ルイ九世、行政の不正是正のため全国調査下命。代官外諸役人に対する処罰多数（↑一二五五年、一二五七年、一二五八年）。

一二四八年　第七回十字軍：6/12ルイ九世、サン＝ドニ大修道院で巡礼杖、肩掛け受納。8/25ルイ九世、エーギュ＝モルト出港。9/18キプロス上陸、そこでモンゴルよりの二名の使者引見（12/20）。
◇フランシスコ会士ジャバンニ・ディ・フィダンツア通称ボナヴァンテュール、パリで開講（↓一二五七年）。
◇一二四八年以降、ルーアン司教ユード・リゴー、教区巡察記録簿（↓一二六八年）。
◇一二四八年年頃、イル＝ド＝フランスおよびピカルディで三圃式輪作の最初の試み。

一二四九年　《十字軍》ルイ九世、エジプト向け出帆。6/5〜6ダミエッタ奪取。十二月、ラ・マ

一二五〇年

ンスーラ要塞攻囲。
◇一月、モンゴルに大使アンドレ・ド・ロンジュモー派遣。リュトブフ『コルドリエ物語』。《十字軍》2/9十字軍、ラ＝マンスーラの敗戦。4/6ルイ九世、兄弟たちとファリスクールで捕虜となる（↓5/6）。5/13ルイ九世、アッカで下船、聖地在留を決意（↓一二五四年4/24）。
◇一二五〇年頃、大規模開拓の終了。南西部で要塞都市建設の最高潮（↓一二七〇年）。アヴェロエス主義教育の始まり。ロベール・ド・ブロワ『君主の教育』。ピエール・ド・フォンテーヌ『友への忠告』。エティエンヌ・ド・ブルボンの説教集。ヴィラール・ド・オヌクール『手帳』。ストラスブール大聖堂建立。
◇一二五一年、五～六月、「ハンガリーの親方」率いるフランドル農民の十字軍*。成文法と慣習法のどちらを適用するか、王国の地域分けを定めた王令。

*ルイ9世の捕虜の噂を引き金に、フランドル、ピカルディなどの困窮農民が流民化して集団で南下を始めた。「ハンガリーの親方」と呼ばれている老人に率いられたこの集団は、パリやオルレアンなどで殺戮と略奪を繰り返しながら南下を続け、途中各地で浮浪者や野盗を加えて肥大化し、彼らが通過する地方に甚大な損害を与えた。最終的にこの一団がどのような末路を辿ったかはよくわかっていない〔訳注〕。

◇一二五一年頃、『ルナールの戴冠』*。

*一一七五年頃に書かれた枝篇群が大成功をおさめた『狐物語』（狐のルナールを主人公にして動物の世界に中世の社会そのものを置きかえた動物叙事詩）は、その後も次々と続編が書きつがれている。さらにそのあとからは、ルナールの知名度に便乗して、単にその名を借用しただけの、動物叙事詩とはまったく関係のない作品群が登場する。この作品もその一つで、扱われている主題

は当時の時事問題と結びついた寓意的色彩の強いものである（フランドルの職工の暴動、同地方の政治情勢）。リュトブフ作『逆説狐物語』（一二六一年）では痛烈な王権批判と国王の説教教団（フランシスコ会など）への過度の信頼への攻撃となっている〔訳注〕。

一二五二年　十一月、ブランシュ・ド・カスティーユ死。
◇パリ大学学則制定：独自の「学校」を有している教団は一講座しか担当できない。トマス・アクイナス、パリ大学で開講（→一二五九年、一二六九〜七二年）。

一二五三年　フランドル継承問題：7／4ダンピエール家、ロルヘレンで敗北。
◇ギヨーム・ド・リュスブリューク、モンゴルに使いす（→一二五五年）。パリ大学のストライキ。修道会士（ボナヴァンテュール、トマス・アクイナス）と俗人教師（ギヨーム・ド・サン＝タムール）の争い（→一二五七年）。

一二五四年　9／7ルイ九世、パリに帰還。11／1シャンパーニュ伯、ティボー四世（一二五三年七月死）の相続に関して調停役。12／25ヘンリー三世と和平交渉：休戦延長（→一二五五年六月）。

一二五五年　◇パリ高等法院の判例記録（オリム）開始。国王証書で「フランク人の王」の表現が「フランスの王」となる。十二月、行政改革に関する王令：代官、郡代に属吏の統制を課す（一二五六年）。

一二五六年　フランドル継承問題：ルイ九世、ゲントへ。
9／24ペロンヌ約定：ダンピエール家、フランドル、エノーのレ＝ザヴェーヌ継承。
十一月、国王の調停：シャルル・ダンジュと義母ベアトリス・ド・サヴォワ（フォルカルキエ伯領放棄）（→一二五八年）。

一二五七年　九月、イギリス大使、パリ来。

一二五八年

◇パリ、ロベール・ド・ソルボンによる学寮設立。8／9ギヨーム・ド・サン＝タムール有罪。フィリップ・ユルペル娘ジャンヌの所領、王領に吸収（クレルモン＝シュール＝オワズ、ドンフロン、モルテン各伯領）。5／11アラゴン王ハイメ一世とコルベイユ条約：ルイ九世はスペイン辺境地への宗主権放棄、ハイメ一世はラングドックの要求撤回。5／28パリ協定：ヘンリー三世、アンジュ・ノルマンディ・トゥレーヌ・メーヌ・ポワトゥー放棄。ルイ九世、リモージュ・カオール・ペリグーの司教区にある所領をヘンリーに譲渡。

一二五九年

◇一二五八年頃、ヴァンサン・ド・ボーヴェ『大鏡』（自然の鏡、歴史の鏡、教義の鏡）。12／4於パリ、ヘンリー三世、ルイ九世に臣従を誓う。

◇於ブザンソン、ルイ九世、「コミューン」と町の領主司教の仲裁。「コミューン」はみずからの借金、債権、支出の報告書を国王に提出する義務を負う（↓一二六一年）。

一二六〇年

一月、ルイ九世長男ルイ死。

◇一二六〇年頃、『訴訟の書』。リュトブフ『テオフィールの奇蹟劇*』。『ユオン・ド・ボルドー』。パリ、ノートル＝ダム大聖堂聖母の玄関。

*前出『フランス中世文学集4』、白水社、一九九六年〔訳注〕。

一二六二年

◇一二六一年、パリ奉行の二つの職務は一つに整理され、エティエンヌ・ボワローに一任される（↓一二七一年）。二月、王令により決闘裁判の禁止、証人による審理確立。

王太子フィリップ、イザベル・ダラゴンと結婚。（末）ルイ九世のもとにモンゴルより使節到来。

一二六三年

◇都市に関する王令：国王による市長選任、収支決算は王の会計監査官の手を経る。6/17教皇ウルバヌス四世、ルイ九世とシャルル・ダンジュにシチリア王選出についての合意書を送る。四旬節中日、王国全域での国王鋳造貨幣の流通を規定する王令。十一月、十字軍経費として聖職者収入への十分の一税の課税。サン＝ドニ大修道院墓所への故王、故妃の遺骸移葬（↓一二六四年）。

一二六四年

1/23「アミアン裁定」：ルイ九世、オクスフォード調停案（一二五八年6/17）の無効を宣す。シモン・ド・モンフォール（五世）挙兵。

◇一二六四〜六年、ブリュネット・ラティニ『宝鑑』。

一二六五年

《イタリア》6/28シャルル・ダンジュ、ローマでシチリア王の冠を戴く。《イギリス》8/4イヴシャムでのエドワードの勝利、シモン・ド・モンフォール戦死。

◇6/6教皇クレメンス四世、教会改革の勅書。十一月、イギリス王鋳造のスターリング貨の受け取り拒否を命じる王令。

一二六六年

ジャン＝トリスタン（ルイ九世子）、ブルゴーニュ侯相続人ユードの長女と結婚。《イタリア》2/26ベネヴァンの合戦でマンフレッド戦死ののち、シャルル・ダンジュ、シチリアについでトスカナの支配者となる。

◇7/22グロ銀貨、およびエキュ金貨鋳造の王令。

一二六七年

《聖霊降臨祭》王太子フィリップ、騎士叙任。3/25ルイ九世、十字軍出征発願。

一二六八年

シャンパーニュ継承問題：三〜六月、ルイ九世、ティボー・ド・シャンパーニュ五世とティボー・ド・バールのあいだを調停。

一二七〇年

◇エティエンヌ・ボワロ『職業集覧』。

◇一二六九年、カオールのロンバルド人追放を命ずる王令。ピエール・ド・マリクール『磁力について』。

二月、ルイ九世「遺書」（嫡子フィリップおよびナヴァール王妃の娘イザベル宛）。ルイ九世、リヨン司教区に関して調停。第八回十字軍。3／14ルイ九世、サン＝ドニ大修道院で巡礼杖を授かる。7／2艦隊、エイギュ＝モルト出航、シチリア、ついでチュニスに向う（7／15）。7／24カルタゴ奪取、8／3ジャン＝トリスタン死、8／21アルフォンス・ド・ポワティエ死、8／24ジャンヌ・ド・トゥルーズ死、8／25ルイ九世、チュニスにおいて没す、息フィリップ三世後継。10／30シャルル・ダンジュ、エミルと協定締結。11／14艦隊シチリア帰港。艦隊の一部沖合いにて沈没（11／16）。

◇パリ司教エティエンヌ・タンピエ、アベロエス主義に基づく一三命題を弾劾。シジェ・ド・ブラバン『理解力について』。

◇一二七〇年頃、ジャン・ド・マン『バラ物語』続編。マルセイユ司教ブノワ側近による「異端審問実施大綱」起草。

一二七一年

五月、フィリップ三世、パリ帰還。十月、アルフォンス・ド・ポワティエの財産、王家に還元。

一二七二年

6／5フォワ城奪取。

◇ルイ九世列聖に関する第一回審査。ストラスブール大聖堂正面玄関壁画（→一三三九年）。

◇一二七二年頃、『聖ルイ法令集』。

一二七三年
教皇庁へのコンタ＝ヴネサン譲渡。八月、イギリスのエドワード一世〔ヘンリー三世後継、一二七二年11/6〕、フィリップ三世に「フランスに所有するすべての領地ゆえに」臣従礼をとる。

一二七四年
8/21フィリップ三世、マリ・ド・ブラバン結婚。《ナヴァール》7/22アンリ三世死。娘ジャンヌの後見人として母親ブランシュ・ダルトワ。
◇五〜七月、第二リヨン公会議：ギリシアからの使節は東方教会の分立を破棄し、共同の十字軍を決議。プリマ『フランス大年代記』をフィリップ三世に贈る。

一二七五年
《ナヴァール》五月、オルレアン協定：ジャンヌ、国王次男フィリップと婚約。トゥルーズ家老ユースタッシュ・ド・ボーマルシェ、ナヴァールの政務を司る。《カスティーユ》八月、アルフォンス十世長男でブランシュ・ド・フランスの夫であるフェルディナン・ド・ラ＝セルダ死後、子供たち母とともにフランスに亡命。

一二七六年
フィリップ三世長男ルイ死。* 《ナヴァール》反乱起こる、国王軍の鎮圧失敗。
◇於アラス、アダム・ド・ラ＝アル『葉隠の劇』上演。**

* 急死であったため、フィリップ三世の後妻マリ・ド・ブラバンによる毒殺の噂ながれる〔訳注〕。

** 最古の世俗劇であるが、筋立てはこれといってなく、当時のアラスの町に実在したブルジョワ市民を次々と登場させる諷刺喜劇である〔訳注〕。

◇一二七七年、パリ司教エティエンヌ・タンピエ、アヴェロエス主義・アリストテレス派と見なされた二一九命題弾劾。

一二七九年
5/23アミアン協定：フィリップ三世、エドワード一世にアジュネ地方〔ロット＝エ＝ガロンヌ県〕譲渡、ケルシー地方〔ロット県〕に関しては調査を約す。エドワード一世妃アリエノール、アルベルトヴィルとポントゥーの領有を許される。
◇一二七九年頃、ジル・ド・ローム『君主の統治について』。
◇一二八〇〜一三二〇年頃、家族の姓が用いられるようになる。
◇一二八〇年以降、パリ、テンプル騎士団によるマレ地区分譲販売。

一二八一年

一月、フィリップ三世とアラゴン王ピエール三世、トゥルーズで会談。
◇二月、教皇マルティネス四世、勅書「豊かな実りに」で托鉢教団の修道士にすべての祭式のつとめを認可。

一二八二年

《シチリア》3/30「シチリアの晩禱」：アラゴンのペドロ三世によりシチリアを追われたフランス人の虐殺。* シャルル・ダンジュ、ナポリ王国維持。
◇アルビ大聖堂建築開始。

*アンジュ家の植民地化政策に反発し決起したシチリア島の住民は、復活祭翌日の月曜日の晩課の鐘を合図にパレルモをはじめとする全島で二〇〇〇人のフランス人を虐殺した。この機に乗じてアラゴン王ペドロ三世（妻コンスタンツァはフリードリヒ二世庶子マンフレートの娘でホーエンシュタウヘン家の女子相続人）はピエトロ一世としてシチリア王位につき、南イタリアはアンジュ家の支配するナポリ王国とアラゴン家のシチリア王国に分割された〔訳注〕。

一二八三年

3/21教皇マルティヌス四世、アラゴンのペドロ三世の王座からの追放宣言。十一月、アラゴン問題に関して、聖職者、貴族会議。
◇フィリップ・ド・ボーマノワール『ボーヴェ慣習法』。

一二八四年

二月、パリ議会、教皇の申し出たアラゴン王の冠をフィリップ三世に与えるのに賛成。

一二八五年　2/26王子シャルルのため、親王領地としてのヴァロワ伯領設定。十月、王太子フィリップ、シャンパーニュ・ブリ女伯ジャンヌ・ド・ナヴァール（一三〇五年死）を娶る。1/7シャルル・ダンジュ死。《アラゴン十字軍》*五月、ルーション侵攻（5/25エルヌの略奪）。6/26〜9/5ジェロヌ攻囲戦。9/5ラス・フォルミガス〔カタルーニャ〕でフランス艦隊敗退。九月末、退却。10/5フィリップ三世死（於ペルピニャン）。11/10アラゴン、ペドロ三世死。

*フィリップ三世は父ルイ九世を見習って十字軍出征の願望を強く抱いていたが、側近の忠告もあり、スペインの異教徒に向けて矛先を転じることとなった。すでに二度の失敗にめげず三度目の十字軍を敢行したがカタルーニャ人の抵抗と気候風土にさえぎられてチフスで病死した〔訳注〕。

一二八六年　1/6フィリップ四世（美男王）即位。

◇ジャン・デシャン、ナルボンヌ大聖堂建設開始。

◇一二八六年頃、マンド司教ギヨーム・デュラン『教皇教書と公会議決議書』。

一二八八年　リヨン条約：フィリップ四世・カスティリアのサンチョ四世の同盟。

一二九〇年　9/16エノー伯、オストルヴァン〔パ＝ド＝カレ県〕のためにフィリップ四世に臣従礼をとる（一二九三年二月に再確認）。

◇三月、教皇、フランスに特使二名派遣。8/19サンリス条約：シチリア征服に関する教皇・フランスの合意。11/11〜29サント＝ジュヌヴィエーヴ大修道院で聖職者会議：改革のための王令提案。最初の貨幣改鋳：純金の「ロワイヤル」金貨鋳造。*ドルアール・ラ＝ヴァシュ『恋愛論』翻訳。

*「ロワイヤル」金貨は二四金で、トゥール貨一〇スー（つまり一二〇ドニエ）に相当する。ルイ九世時代の「エキュ」はもはや流通していなかった〔訳注〕。

一二九一年　エヴルー協定：フィリップ四世とブルゴーニュ、ユード四世による、ユード娘ジャンヌと国王の息子の一人の婚約。ユード四世が後継者を残さず死んだ場合、コンテ、アルトワ地方は娘夫婦が相続する。《十字軍》5/28アッカ陥落。

一二九二年　ノルマンディとバイヨンヌの船団同士敵対（→一二九三年）。
◇王領の廷丁、私署証書への特別の印璽授かる。最初の間接消費税創設（→一二九七年）。ユダヤ人および高利貸し、ロンバルド人の財産没収。

一二九三年　フィリップ四世、エドワード一世をギュイエンヌ侯として宮廷に召喚。

一二九四年　5/19エドワード一世の欠席（三月）を確認したうえで、フィリップ四世はギュイエンヌはじめイギリス王のフランス国内の封地没収を宣言。《ギュイエンヌ》イギリス軍、カスティオン、ブレ、バイヨンヌ奪取。8/31リエール条約：イギリス・フランドル同盟。
◇奢侈品に関する王令。

一二九五年　三月、ヴァンセンヌ条約：ユード四世は娘の持参金で譲歩し、フィリップ四世をその管理者に指名。《アラゴン》7/7アニャーニ条約で紛争終結。《ギュイエンヌ》（夏）シャルル・ド・ヴァロワによる侯領占領（一二九六年、アルトワ伯による占領）。
◇（秋）フィリップ四世、テンプル騎士団より財宝をルーヴルに移し、財務官二名を任命。第二次貨幣改鋳、新しく「ドゥブル」貨発行。*

*財政困難のための処置で従来の「グロ」貨の平価も一二から一五ドニエに切り下げられた。一「ドゥ

ブル」は二ドニエに相当する〔訳注〕。
◇一二九五年頃、ピエール・オリヴィ『黙示録注釈』。

一二九六年　《フランドル》ギ・ド・ダンピエール、ヴァランシエンヌの町から臣従礼を受ける。7/29ギ伯、宮廷に召喚さる。
◇フィリップ四世と教皇ボヌファキウス八世、聖職者の税金に関して争う。2/24教皇教令「在俗聖職者に」。8/17フィリップ四世、金銀武具、馬匹を許可なく国外に持出すこと禁止。9/20教書「絶大なる愛」。
◇一二九六年頃、パリ王宮造営（一二九九〜三〇二年、一三〇八〜三一三年）。

一二九七年　8/10ルイ九世列聖。《フランドル》1/7ギ・ド・ダンピエールとエドワード一世同盟。六月、フィリップ四世、フランドル伯領侵攻。8/26フランドル軍、フュルヌで敗北、フィリップ・ダルトワ戦死。10/9ヴィル＝サン＝バボンで休戦締結（→一三〇〇年一月）。
◇2/7教皇勅書「母なるローマ教会」で、緊急の場合には教皇庁の許可なく聖職者への御用金取立て権をフィリップ四世に認める。

一二九八年　6/27教皇、フランドル戦争における仲裁判決を言い渡す。

一二九九年　6/19モントルイユ協定：フィリップ四世妹マルグリットとエドワード一世の結婚（九月）およびフィリップ四世娘イザベルと王太子エドワードの結婚（一三〇八年一月）。12/8カトルヴォ協定：フィリップ四世妹ブランシュとアルブレヒト・フォン・ハプスブルグ皇帝長男ルドルフの結婚（一三〇〇年二月）。

一三〇〇年　《フランドル》一〜二月、シャルル・ド・ヴァロワ、ドゥエ、ベテュヌ、リール、クルトレ、ブリュージュ占領。五月、シャルル伯と息子たち、捕虜となる。
◇パリ大学、アルノー・ド・ヴィルヌヴの論文『反キリストの出現について』弾劾。
◇一三〇〇年以降、フィリップ・ド・ヴィルプリュ＝ル＝コンヴェルによる王領の森林管理整備。
◇一三〇〇年頃、イール・ド・フランス、ボース、アルトワ、ピカルディ地方における三圃式農作の普及。

一三〇一年

◇一三〇〇～一〇年頃、会計院の組織。
2/28シャルル・ド・ヴァロワとラテン帝国皇帝ボードゥアン二世相続人カトリーヌ・ド・クルトネ結婚。《フランドル》ジャック・ド・シャティヨン、伯領統治の指名を受ける。ブリュージュの反乱鎮圧。バール伯、ムーズ川以西の領地についてフィリップ四世に臣従礼をとる。《イタリア》（春）教皇の呼びかけに応じ、シャルル・ド・ヴァロワ、トスカナに遠征。
◇リシャール・ル＝ヌヴュおよびジャン・ド・ピキニ、南フランスでの「巡察使」（→一三〇三年）。パミエ司教ベルナール・セーセ、国王に対する陰謀の疑いで起訴。ベルナール、亡命。ベルナール・デリシュー、カルカソンヌで異端糾問所に反対の説教：市参事会員とマヨルカ王の同盟。カルカソンヌの羊飼いの絞首（→一三〇六年）。12/5教皇教書「息子よ聞け」、フランス教会の教会会議をローマに召喚。
◇一三〇二年、レモン・ド・プージュラ、ボーケール・カルカソンヌ代官管区の境界設営を担当。七月、古文書庫の記録簿開始。

一三〇二年

4/10パリ、王国最初の三身分代表会議（三部会）。《フランドル》5/18「ブルージュの朝課」：フランス兵の虐殺。7／8フランス軍、ブルージュ民兵にクルトレで敗北。ロベール・ダルトワ、大法官ピエール・フロト戦死。
《シチリア》（夏）シャルル・ド・ヴァロワの遠征失敗。フィリップ四世、シャルル召喚。
◇教皇庁との軋轢。4／10パリ、ノートル＝ダム大聖堂における聖職者臨時集会（このときのピエール・フロットによる演説はフランス教会独立運動の最初の表明と見なされている）。（萬聖節11／7）ローマ教会会議。11／18教皇教書「唯一の聖なる」で教権政治の教理表明。
◇一三〇二〜六年、深刻な財政上の危機。
◇一三〇三年、パリに高等法院の設置を決める王令。トゥルーズに地方法院創設およびアヴィニョンに大学新設。（春）新通貨「シェーズ金貨」発行。七月、テンプル騎士団に王室の財宝を預けなおして管理官を任命。

一三〇三年

国王、ラングドック巡行：対フランドル戦の御用金集め。ブルゴーニュ伯ユード四世の死により、妻マオー（ロベール二世娘）にアルトワ贈与。ティボー・ド・ロレーヌ、シャンパーニュについて臣従礼を取る。5／20パリ条約により、エドワード一世に、一二九四〜九七年にフィリップ四世が獲た領地を返還。《フランドル》七月、フランス軍の撤退。九月、休戦締結。
◇教皇庁との軋轢。2／7、6／13聖職者会議：第二回目の会議では教皇審判のため公会議開催を要求、ギヨーム・ド・ノガレ、イタリア出張。9／6〜7アナーニの待伏せ。9／18ラトランへの教皇ボニファティウス八世の帰還。10／20ボニファティウス八世死。10／22ベネディクトゥス十一世の選出（一三〇四年7／7於ペルーズ死）。

一三〇四年

《フランドル》8/10フランドル艦隊敗北、ギ・ド・ナミュール捕虜となる。8/18フランス軍、モン＝ザン＝ペヴェルで勝利。8/24～9/14リール攻囲戦、リール、フランス軍に降服。十二月、パリ、和平会談。

◇パリ、ナヴァール学寮創設。

◇一三〇四年頃、トゥルーズ、身廊を二つ備えているドミニコ会教会建築。

一三〇五年

《フランドル》3/7ギ・ド・ダンピエール伯死。六月、アティス条約（一三〇七年6/1批准）：フィリップ四世、戦時賠償金の全額支払いまで、リール、ドゥエイ、ベテューヌ、カッセル、クルトレを確保。

◇6/5教皇クレメンス五世選出（ボルドー大司教ベルトラン・ド・ゴ）、11/14リヨンで聖別式。

一三〇六年

パリ盆地で飢饉。金銀売買の規制、平価切上げの企て。

パリ条約でカスティリアとの同盟更新。2/2クレメンス五世、教書「在俗聖職者に」および「唯一の聖なる」撤回。

◇ユダヤ人追放、財産没収。マルグリット・ポレト（ヴァランシエンヌのベギン会員）『純心の鏡』。ピエール・デュボワ『聖地回復について』。アンリ・ド・モンドヴィル『外科学』。

一三〇七年

（春）テンプル騎士団員への第一回審問。五月、フィリップ四世とクレメンス五世、ポワティエで会見。八月、教皇、公式調査の開始を命令。10/13テンプル騎士団員全員逮捕。

◇9/22ギヨーム・ド・ノガレ、国璽尚書。

◇一三〇七～二三年、ベルナール・ギ『異端審問教範』。

一三〇八年

3/25国王による異端審問権を否定するパリ大学の判定をうけて、王国の代表者会議召喚（五月、於トゥール）。5/26国王・教皇第二回会談（於ポワティエ）。6/27テンプル騎士団員の身柄を教会に委ねるよう命じる開封勅書。8/12教皇、ヴィエンヌ公会議開催を呼びかけ。

◇一三〇八～九年頃、ボルドー地方の葡萄酒生産、八五万ヘクトリットルを記録。ジョワンヴィル『聖王ルイの物語』*。

*前出『フランス中世文学集4』、白水社、一九九六年〔訳注〕。

一三〇九年

《フランドル》四月、パリ条約：国王、城壁破壊を思いとどまる。10/9宮廷、マオー女伯のアルトワ領有を承認。

◇4/27古文書保管役ピエール・デタンプ、目録作りに取りかかる。スターリング、フローリンなどの外国通貨の使用禁止の王令。3/9クレメンス五世、アヴィニョン定住、アヴィニョン教皇庁の始まり。

一三一〇年

二月、パリ、テンプル騎士団員の審問。6/26国王次男フィリップ、ブルゴーニュ伯として認知。

◇オンフルール、スペインおよびポルトガル商人への特権付与。ジェルヴェ・デュ・ビュス『フォーヴェル物語』（第一の書）。

◇一三一〇～二〇年頃、シャルトル大聖堂大礼拝堂ステンドグラス。

一三一一年

九～十月、トゥルネ会議。

◇「ブルジョワ銀貨」鋳造。4/27教書「栄光ある王」によりアニャニ事件に関係するフランス王のいっさいの行為消滅。10／1ヴィエンヌ公会議：ギョーム・ド・マンド、ローマ教会の権力濫用に抗する糾弾文書提出。

一三一二年
リヨン司教、フランス国王の臣下であることを認める。4／3教書「声を大にして」、テンプル教団を削除。5／3教皇、テンプル教団の財産を聖ヨハネ教団に与える。フランドルの譲渡、伯、国王にリール、ドゥエ、ベテュヌを譲渡。国王は伯が支払うべき金利を免除。

一三一三年
ギヨーム・ド・ノガレ死。《フランドル》7／20アラス会議：フィリップ四世、国王軍を召集。

一三一四年
◇パリ、エドワード二世臨席のもと、シテ島の王宮落成（高等法院、会計院、尚書局、公文書館）。3／19テンプル騎士団総長ジャック・ド・モレ火刑。《フランドル》七月、フランス人、クルトレより追放される。国王軍による遠征不発。（夏・秋）御用金値上げに抗して貴族の反対同盟。9／3マルケット協定：フランドル伯はルテル、ヌヴェールを、フランス国王はリール、ドゥエ、ベテューヌを回復。11／29フィリップ四世死。次男フィリップの親王領であるポワティエ伯領は男系相続人なき場合、王領に吸収を命ずる証書を残す。ルイ十世後継。
◇1／19アンゲラン・ド・マリニを唯一の公金支払命令人に任ずる王令。五月、フィリップ四世の息子の嫁、マルグリット・ド・ブルゴーニュ、ブランシュ・ダルトワ、ジャンヌ・ダルトワ不義密通の廉により投獄、マルグリット、シャトー＝ガイヤールで死。

一三一五年　(春)ルイ十世、ブルゴーニュ、ノルマンディ、ピカルディ、シャンパーニュ等で結成された政治勢力への勅許状交付、アルトワを直轄領とする。《フランドル》八月、伯の臣従拒否に伴い、国王軍の動員。

◇フィリップ四世大蔵卿アンゲラン・ド・マリニ逮捕処刑。冷湿夏、飢饉(一三一六、一七年)。

一三一六年　6/5ルイ十世死*：二人目の王妃クレマンス・ド・オングリ妊娠中のため、王弟フィリップ摂政。九月、ジャン一世誕生直後に死。《フランドル》9/1和平条件緩和。十一月、ロベール・ダルトワ降服。

*わずか十八カ月の在位の大半を封建諸侯対策に費やし、二十七歳で没したルイ十世はそのあだ名「喧嘩好き」にふさわしく激しい運動が好きであった。仲間と宮廷で「ジュー・ド・ポーム」(テニスの原型といわれている)に興じ、一汗かいた王は渇きをいやすべく酒倉におりて冷たいワインを口にしたとたんに失神し、二度と意識を取り戻さなかった〔訳注〕。

一三一七年　1/9フィリップ五世、ランスで戴冠*。一〜七月、貴族同盟の結成：ユード・ド・ブルゴーニュ四世、ルイ・ド・ヌヴェールを中心に「ヌヴェールの小合戦」。三月、北フランス諸都市会議(於パリ)、中部および南フランス諸都市会議(於ブールジュ)。《ギュイエンヌ》フィリップ五世、エドワード二世両派の人びとの紛争頻発。

◇3/12、4/7各都市に自警団長の選出を命ずる王令。

*戴冠式を行なうに際し、ランス大司教フィリップ・ド・クルトネは、新王が自分の戴冠に異議を申立てに押し寄せる人びとがいるのではないかと恐れるあまり、町の城門をすべて閉めきってやらねばならなかった〔訳注〕。

一三一八年　3/27フィリップ五世とユード四世の和解、ユード、王女を娶る。10/11フランドル伯の使節団とコンピエーニュ会談。

一三一九年
◇7/18国王顧問会議の再編成についてのポントワーズ王令。
八月、アラスで国王軍への軍役召集。

一三二〇年
◇ローヌ渓谷で異端摘発多発（→一三二三年）。
《イタリア》（夏）フィリップ・ド・ヴァロワ、ロンバルディア遠征。
◇一月、会計院編成に関するヴィヴィエ=アン=ブリ王令。ウィリアム・オブ・オーカム、パリで開講。
◇一三二〇年頃、シャンパーニュでの市の活動下火となり、シャロン=シュール=ソーヌにその中心移る。パミエ司教ジャック・フルニエ、モンタイユーのカタリ派の審問。
◇一三二〇～二二年頃、南西部、中央山岳地帯でのユダヤ人に対する迫害。

一三二二年
1/2フィリップ五世、後継ぎなしに死。弟シャルル四世、反対者なく後継。《フランドル》九月、ルイ・ド・ヌヴェール、ロベール・ド・ベテューヌの後継：シャルル四世との同盟締結。
◇一三二二年頃、フィリップ・ド・ヴィトリ『新技術』。

一三二三年
《フランドル》六月、蜂起。《ギュイエンヌ》サン=サルドス要塞の火事（十一月）と「サン=サルドス戦争」。

一三二四年
《ギュイエンヌ》7/1シャルル四世、フィリップ四世弟、シャルル・ド・ヴァロワの占領している侯領没収（七～九月）。

一三二五年
シャルル・ド・ヴァロワ死。《ギュイエンヌ》エドワード二世、ギュイエンヌ侯、ポンテュー伯の称号を息子エドワードに譲る。侯領の諸役人、国王の任命となる。

《フランドル》十一月、シャルル四世、叛逆者の領地に禁止令を出させ、サン＝トメールに軍役を召集。

◇一三二五～八年頃、ジャン・ピュセルの彩飾画による『ジャンヌ・デヴルーの小時禱書』。

一三二六年　《フランドル》4/19アルクの和議。

一三二七年　《イギリス》王太子エドワードとその母イザベル上陸。エドワード二世、国王資格なしと宣告され、直後に死。エドワード三世、後継。

一三二八年　3/31ポンテューおよびギュイエンヌの一部、エドワード三世に返還。

第五章　フィリップ六世からルイ十二世まで（一三二八〜一五一五年）

一三二八年

2／1シャルル四世死。王妃ジャンヌ・デヴルー懐妊中のためフィリップ・ド・ヴァロワ（シャルル四世従弟）摂政。4／1王妃ジャンヌ女児出産。フィリップ六世・ド・ヴァロワ、王位に就く。* 5／29フィリップ六世、ランスで聖別。ヴァロワ、アンジュ、メーヌ、王領に入る。

ナヴァール継承：四月、アングレーム、モルタン伯領ジャンヌ・ド・ナヴァール（ルイ十世娘）へ、シャンパーニュ、ブリ、フィリップ六世へ。《フランドル》8／23ルイ・ド・ヌヴェール、フィリップ六世に援軍要請。反徒、カッセルで敗退。**

*フィリップ六世はシャルル四世の従弟にあたる、そしてイギリス王エドワード三世にとってはシャルル四世は母方の伯父である。血筋から見れば後者のほうが前者より濃いことになるが、サリカ法典は女系相続を認めていない〔訳注〕。

**フランス人の首領の一人コラン・ザンキンは王の陣地に奇襲を企て、もう少しのところでフィリップ六世を拉致するところであった。しかし、フランス軍の反撃は激しく、反徒は一万三〇〇〇の屍をカッセル山にさらすことになる。フラマン人はそれでも屈服せず、今度はイギリス王エドワード三世の支援を求めることになる〔訳注〕。

◇一三二八年頃、フランドル戦争の御用金値上げのための「教区、戸数リスト」作成。

一三二九年

一月、エドワード三世の臣従礼拒否に対し、フィリップ六世、ギュイエンヌの課税収益を差押さえる。六月、フィリップ六世、ロベール・ダルトワに関する調査を命令。*
6/6エドワード三世、ギュイエンヌとポンテューに関して臣従礼をとる（於アミアン）。
十一月、マオー・ダルトワおよびジャンヌ・ダルトワの死後、フィリップ六世、アルトワ伯領を監視下に置く。
◇十二月、聖職者裁判権に関するヴァンセンヌ会議。

*ロベール・ダルトワ（妻ジャンヌはフィリップ六世妹）は義兄の威を借りてアルトワ相続を果たそうとして、関係書類を偽造し、女伯マオー母子を殺害した疑いをもたれていた〔訳注〕。

一三三〇年
◇一三二九〜三〇年頃、コンピエーニュ教会会議で「馬鹿騒ぎ（シャリヴァリ）」弾劾。
十二月、ロベール・ダルトワの手になる書類は虚偽のものと認定される。
◇一三三〇年頃、ジャン・ド・ヴィニェ『歴史鏡』（ヴァンサン・ド・ボーヴェの同書『スペクルム・ヒストリアレ』のフランス語訳）。

一三三一年
アルトワ継承問題：三月、パリ高等法院での訴訟。3/30エドワード三世、ギュイエンヌに関してフィリップ六世への忠誠の義務を承認。
◇ギョーム・ド・ディギュルヴィル『人生の巡礼』。

一三三二年
2/17フィリップ六世長男ジャン、ノルマンディ侯。4/6ロベール・ダルトワ、イギリスに追放処分*（→一三三四年）。7/25フィリップ六世、ムランで十字軍発願。

*エドワード三世は彼をリッチモンド伯として迎える〔訳注〕。

一三三六年
三月、教皇ベネディクトゥス十二世、フィリップの十字軍志願を免ずる。8/12エドワード三世、イギリス産羊毛のフランドルへの輸出をいっさい禁止。十二月、フィリップ六世、カスティリアと同盟。

一三三七年
5/24エドワード三世、欠席裁判で封土没収を宣告される：フィリップ六世、ギュイエンヌの差押さえを宣する。七月、神聖ローマ皇帝ルドヴィヒ四世、エドワード三世をライン川左岸における皇帝代官に任命。10/7エドワード三世、ウエストミンスター寺院でフィリップ六世に対する臣従礼を破棄し、フランスの王冠を要求。11/1エドワード三世、フィリップ六世に挑戦（百年戦争の発端→一四五三年10/17、ボルドー降服）。

◇一三三七年以降、通貨の恒常的変動（→一三五二年）。

一三三八年
《フランドル》一月、ジャック・ファン・アルテベルデ、ゲント総督に選出される。諸都市、伯に抗して同盟結成。四月、於エークフーテ、織物に従事する都市の総会。

一三三九年
二月、ルイ・ド・ヌヴェール、フィリップ六世のもとに亡命。（春）エドワード三世、アントワープ上陸。九月、イギリス軍、フランス北部で軍事行動。12/3エドワード三世とジャック・ファン・アルテヴェルデの合意：フラマン人はエドワード三世を王と認める。エドワード三世は羊毛倉庫をアントワープからブリュージュに移す。

◇シエナの画家シモーネ・マルティニ、アヴィニョンに来たる（→一三四四年）。

◇一三三九年頃、「聖母マリアの奇蹟」（パリで毎年上演→一三八二年）。

一三四〇年
一月、エドワード三世、ゲント入城：フランス王を名乗り、フィリップ六世の封臣を召集。

◇6/24イギリス艦隊、レクリューズで勝利。9/25エスプルシャンの休戦。

◇一三四〇年頃、海軍の組織と工廠の整備（於ルーアンの旧海軍工廠）。

一三四一年
《ブルターニュ》ジャン三世侯死（子なし）。弟ジャン・ド・モンフォール、侯を名乗り（4/30）、エドワード三世と同盟を結ぶ（七月）。9/7重臣会議のコンフラン裁決によりジャン三世の姪ジャンヌ・ド・パンティエヴルの夫シャルル・ド・ブロア後継者に指名。ブルターニュ継承紛争の発端（→一三六五年）。

3/15フィリップ六世と神聖ローマ皇帝バイエルン公ルドヴィヒ四世和解。ルドヴィヒ、エドワード三世の代理人を解任（4/25）。

一三四二年　◇3/16王国全土に塩税の制度を普及化する王令。

（夏）イギリス軍、ブルターニュ遠征。ヴァンヌ攻囲。

一三四三年　《ブルターニュ》1/19マレストロワ休戦。八月、パリ、三部会召集。

◇ジャン・ド・ミュール『数の四要素の働き』。

一三四四年　4/11フィリップ六世とウンベール二世・ド・ドーフィネの合意：後者は国王にドーフィネ地方を割譲し、将来は王太子がドーフィネ公となる（一三四九年7/16承認）。十～十二月、フランス・イギリス、アヴィニョンで協議。

一三四五年　《フランドル》7/17ジャック・ファン・アルテヴェルデ、ゲントで暗殺。七～十二月、ダービー伯、ギュイエンヌで軍事行動。《ブルターニュ》ジャン・ド・モンフォール死（9/26）後、エドワード三世、息子ジャン四世の後見人となる。両ジャンヌの合戦（ジャンヌ・ド・フランドル×ジャンヌ・ド・パンティエヴル）。＊

◇3/11高等法院に関する王令、情報調査機関の設定。

＊ブルターニュ継承戦争は英仏代理戦争の様相を呈していた。故ブルターニュ侯ジャン三世の姪ジャンヌ・ド・パンティエヴル（夫シャルル・ド・ブロワ）はフランス王から支援を受けていた。一方、ジャ

ン三世の異母弟ジャン・ド・モンフォールとその妻ジャンヌ・ド・フランドルはイギリス王と組んでいた。ナント攻囲戦でジャン・ド・モンフォールが捕虜になってからは、彼の妻ジャンヌ・ド・フランドルが陣頭指揮をとった。男まさりの彼女はエンヌボン城を拠点に獅子奮迅の戦いを展開し、シャルル・ド・ブロワ軍の三カ月の攻囲を耐え抜いた。そしてついにはシャルルをラ＝ロッシュ＝ドリアンの合戦で捕虜にした（一三四七年）〔訳注〕。

一三四六年

二月、於パリ、オイル語（北部フランス語）による三部会。三月、於トゥルーズ、オック語（南部フランス語）による三部会。三月、ノルマンディ侯のエギヨン攻囲。エドワード三世、サン＝ヴァアスト＝ラ＝ユーグ〔コタンタン半島先端〕上陸（7／12）。イギリス軍の徘徊、カン攻囲。8／26フランス軍、クレシ〔ランス北西六〇キロメートル〕で敗北（貴族・騎士の死者多数）*。9／4エドワード三世、カレー攻囲。12／2フィリップ六世、アルトワ地方、手中に収める。

◇5／29森林行政に関する王令。

* 大雨をついての合戦であった。昼すぎ、フランス側の傭兵ジェノヴァの弩弓兵がイギリスの弓兵部隊に攻撃を仕かけた。弓の弦をぬらさないように注意していたイギリス弓兵に対して、豪雨のなかを行軍してきたジェノヴァ兵の弩弓はまったくものの役に立たなかった。イギリス軍の長槍兵は泥中に落馬してよろいの重さのために自由に動けなくなっているフランス騎士を楽々と仕とめることができた。アランソン伯率いる民兵の勇敢さも、援軍に駆けつけたボヘミアの老王の奮戦も体制を立て直すに至らず、フランス軍は惨敗を喫した。夕刻、フィリップ六世の周囲には五人の騎士と兵六〇を数えるのみであった〔訳注〕。

一三四七年

《ブルターニュ》6／20シャルル・ド・ブロワ、ラ＝ロッシュ＝デリアンで捕虜となり、イギリスに送られる（↓一三五六年八月）。5／7フィリップ六世と神聖ローマ皇帝カール四世同盟。七月、フィリップ六世、カレー前方で戦わずして退却。8/4カレー降服（「カレーの市民*」）。

◇9/28休戦締結（→一三五一年）。ローヌ渓谷に黒死病（ペスト）流行。

*クレシーの敗北はさらに大きな悲劇を伴った。フランス上陸の橋頭堡を確保したいエドワード三世はカレー攻囲陣を敷いていた。鉄壁の守りになすすべのないイギリス軍は兵糧攻めを行ない、カレー籠城軍はこれに耐えて九カ月の英雄的持久戦を戦いぬいた。ようやく現われたフィリップ六世の援軍が、イギリス軍の万全の備えを見て戦わずして退却したのち、孤立無援のカレーはついにエドワード三世の軍門に下るしかなかった。このとき、全市民の助命のため、エドワードの要求に応じてカレーで最も富裕な市民と言われたユースタッシュ・ド・サン＝ピエール以下六人の有力市民が自発的に名乗りでて、降伏の使者に立った。エドワードが彼らの斬首を命じたとき、必死に命乞いをしたのが王妃フィリピン・ド・エノーである。彼女のおかげで六人は救われたが、市民は追放され、その後にはイギリスからの移住民が移り住み、以後二世紀にわたり、カレーはイギリスのフランス上陸の拠点となる〔訳注〕。

◇一三四八年、（夏）黒死病、全国的に猖獗を極める。十月、フィリップ六世、パリ大学医学部に原因調査を命じる。6/9教皇庁、ナポリ女王ジャンヌ・ダンジュよりアヴィニョン買取り。7/4ユダヤ人への迫害がフランス全土で頻発し、教皇クレメンス六世、ユダヤ人を虐待するキリスト教徒を破門。

一三四九年　五～六月、マヨルカのハイメ三世よりモンペリエ買取り。《フランドル》諸都市、ルイ・ド・マル伯に降服。

◇（夏）北フランスに出現した鞭打苦行教団、教皇により禁止。

一三五〇年　8/26フィリップ六世死。9/26ジャン二世、ランスで聖別。11/18大元帥ラウル・ド・

ブリエンヌ処刑。* シャルル・デスパーニュ後任。

*父ラウル三世を継いで大元帥となる。一三四六年、カン前方でイギリス軍の捕虜となり、四年間の拘留生活のあいだにエドワード三世とよしみを結んだと言われる。逮捕の理由はジャン二世に対する陰謀とか王妃との姦通とかいろいろ言われるがはっきりしない。いずれにせよ、大元帥の地位を渇望していたシャルル・デスパーニュの策動が功を奏し、裁判なしにルーヴル宮の中庭で斬首された。この処刑がかなりの数の貴族の同情を買い、ジャン二世への反感を増大させた〔訳注〕。

一三五一年

◇一三五〇年以前、ジャン・ド・ヴィニェ『チェス』（ジャック・ド・セソル『風俗の書』の訳）。一〜二月、オック語圏三部会、於モンペリエ、オイル語圏三部会、於パリ。3／25イギリス人騎士対ブルトン人騎士各三〇人ずつの試合、於プロエルメル〔ブルターニュ南部〕付近。* 9／30ジャン二世とエドワード三世間の休戦。

*ブルターニュ継承戦争のエピソードの一つで、パンティエヴル勢のフランス人隊長ロベール・ド・ボーマノワールが、モンフォール側のプロエルメル守備隊長ブランデンブルク（ドイツ人）に申入れて行なわれた真剣試合。戦闘というより、アーサー王の「円卓の騎士」の試合を擬したものであるが、丸一日の勝負でフランス人死者六名、イギリス人九名、落命しなかった者も全員瀕死の重傷であった〔訳注〕。

◇4／30軍隊編成に関する王令：定期的点検の実施は兵員の調整を容易にする。

一三五四年

◇一三五二年、1／6ジャン二世によって作られたエトワール団（エドワード三世のガーター騎士団をモデルに）の第一回祝典。

1／8ジャン二世女婿シャルル・ド・ナヴァール、大元帥シャルル・デスパーニュを暗殺。2／22マント条約：シャルル・ド・ナヴァール、コタンタン半島とボーモン＝ル＝ロジェ伯領を獲得。

一三五五年

エドワード三世長男黒太子、ボルドー上陸（9/20）。エドワード三世カレー上陸（十月）。イギリス軍、アルトワで軍事行動。黒太子、ラングドック侵入（↓12/9）。

◇12/28兵三万人を維持するための御用金徴収に関する王令。査定対象は税務官（エリュ）が決定、臨時収入（ジェネロー）取扱官創設。

◇9/10ヴァローニュ協定によりシャルル・ド・ナヴァール大赦を得る。

一三五六年

◇一三五五年頃、ニコラス・オレスムス『占いの本』（フランス語で書かれた最初の作品）。

6/22ランカスター侯ヘンリー、ノルマンディ上陸。七月、黒太子、ペリゴール、リムーザン、ベリ、トゥレーヌを経てロワール川方面に北上。9/19フランス軍、ポワティエで敗北、ジャン二世捕虜となる。*

＊黒死病の猖獗以来やや下火となっていた英仏両軍の軍事行動は、エドワード三世の王太子（黒太子）のフランス上陸以来再び活発化し、両軍はポワティエ近郊のモーペルテュイで対決した。イギリス軍二万に対しフランス軍は五万の軍勢を擁していたが、ジャン二世の無鉄砲さと作戦のまずさがフランス軍の大敗を招いた（フランス貴族の捕虜二〇〇〇名）〔訳注〕。

◇3/24オック語圏三部会。4/5シャルル・ド・ナヴァール、ルーアンで逮捕、およびアルクール伯処刑。11/3ラン司教ロベール・ル＝コック、パリで開かれたオイル語圏三部会（10/17）に改革案提出。十二月、王太子シャルル、メスにおいて叔父にあたる神聖ローマ皇帝カール四世にドーフィネに関する臣従礼をとる。

一三五七年

3/23イギリスと二年間の休戦締結。五月、ジャン二世、イギリス着。

◇一月、パリ暴動（エティエンヌ・マルセルは首謀者の一人）。二月、パリ、三部会。3/3三部会、要望書提出。王国の全般的改革を予定する大王令。8/15王太子、三部会により任命された改革派を解任。11/7三部会、再度招集。11/9シャルル・ド・ナヴァール逐電。傭兵隊長アルノー・ド・セルヴォル（首席司祭事）、アヴィニョン急襲。

一三五八年

2/22パリ、エティエンヌ・マルセル派の示威行動。王太子顧問官シャンパーニュ元帥およびノルマンディ元帥の暗殺。3/14王太子、摂政と称し、パリを去り（3/21）、マント、モントロー奪取。3/4〜14王太子召集の三部会（於コンピエーニュ）。3/28サン＝ル＝デスラン〔サンリス西一五キロメートル〕の乱闘、ジャクリーの乱の発端。6/10シャルル・ド・ナヴァールによるジャクリー軍壊滅（於メロ）。7/31パリ、エティエンヌ・マルセル暗殺。*8/2王太子、パリ帰還および大赦（8/10）。

＊エティエンヌ・マルセルの率いるパリ市民の力に大きく左右される三部会が政治の中心となりつつあるところへ、勃発したのが困窮農民層による「ジャクリーの乱」である。最初は彼らとの連係を考えたエティエンヌも、乱徒の指導力の欠如に気づき、一転、イギリスと組んでいるシャルル・ド・ナヴァールへの接近を試みた。彼がイギリス軍をパリに迎え入れようとしたとき、王太子派の吏員ジャン・マイヤールによって暗殺された〔訳注〕。

◇一三五八年以降、ロバート・ノールズ、ユスタシュ・ドーベルシクール、アルノー・ド・セルボル率いる「傭兵隊」の猛威。

一月、ロンドンでの第一次取り決めにより、ジャン二世の身代金、四〇〇万金貨エキュに決定。さらにエドワード三世に、アキテーヌ、リムーザン、ポワトゥー、ケルシ、ルーエルグ譲渡。8/1エドワード三世とシャルル・ド・ナヴァール、フランスの分け前について合意。

一三五九年

◇年代記作者リシャール・レスコ、サン＝ドニ大修道院図書館でサリカ法典発見。

3／24第二次ロンドン協定：カレーよりバイヨンヌにいたるすべての沿岸地方の割譲。

10／28エドワード三世の軍事行動。ランス攻囲、ブルゴーニュ、ボースでの戦闘、パリ攻め企て。

◇5／19三部会、ロンドンの第二次協定を拒否。5／28王太子、予備役士官を呼集。六月、ムラン攻囲（シャルル・ド・ナヴァール籠城中）。八月、王太子とシャルル・ド・ナヴァール間でマント＝ポントワーズ合意。ロングィユ・サント＝マリでのグラン・フェレ伝説*。

＊対英抵抗運動を組織した農民の代表例である。座してイギリス兵に家もろとも焼き殺されるより戦って死のうと決意した二〇〇人ほどの農民のなかに、斧を自由自在に使ってイギリス兵一八名を屠ったとされる巨人フェレの逸話がよく知られている〔訳注〕。

一三六〇年

5／8ブレティニ条約（7／14批准、於ロンドン）。10／24カレー条約：身代金、三〇〇万エキュ、エドワード三世はフランス王の称号は断念、ただしアキテーヌを支配下に置く。

◇12／5フラン金貨発行の王令。各教区に国王身代金支払のための税金集めの窓口新設。

◇一三六〇年、ジャン二世帰国（カレー7／8、パリ12／13）。12／28ポン＝サン＝テスプリ〔アヴィニョン北三五キロメートル〕、傭兵くずれの野盗団の手に落ちる。

一三六一年

◇一三六〇年頃、シャロン＝シュール・ソーヌの市、最盛況。

11／21ブルゴーニュ侯、フィリップ・ド・ルーヴル死後、侯領は王領に合併（一三六三年九月、国王第三子フィリップに付与）。《ノルマンディ》デュ・ゲクラン将軍、傭兵くずれの野盗団と闘う。

◇ペスト猖獗（↓一三六三年）。

一三六二年

◇4/6国王軍司令官タンカルヴィル伯、野武士の大軍「遅まき団（タール・ヴニュ）」にブリニェで敗北。八月、ジャン二世、在アヴィニョン。

7/19黒太子、アキテーヌ侯。11/21人質としてロンドンに送られるアンジュ侯、ベリー侯、カレーに移送。両侯、懸案の領土割譲を約す。

一三六三年

九月、アンジュ侯、逃亡。

◇ギ・ド・ショーリアク『大外科論』。

一三六四年

1/3ジャン二世、イギリス向け出発。4/8ジャン二世、捕囚のまま死。5/16シャルル・ド・ナヴァールの反乱、コシュレルで撃滅。5/19シャルル五世即位。《ブルターニュ》9/29ジャン四世、オーレで勝利。シャルル・ド・ブロワ戦死、デュ・ゲクラン捕虜となる（ブルターニュ継承戦争終結）。

◇ギヨーム・ド・マショ『真実物語』。

一三六五年

三月、アヴィニョン協定によりシャルル・ド・ナヴァール、モンペリエを手に入れ、マント、ミュランおよびロングヴィル伯領を除き所領安堵。《ブルターニュ》4/12ゲランド条約：ジャン四世、ブルターニュ侯として承認。

◇一三六五年頃、聖別式に関しての新しい典礼編纂。

一三六六年

一〜三月、カスティリア征服のため、エンリケ（二世）・ド・トラスタマールへの援軍としてデュ・ゲクランとともに「大野武士団」、スペインに派遣。5/25傭兵隊長アルノー・ド・セルヴォル、配下の手により暗殺。9/23リブルヌ条約：シャルル・ド・

一三六七年

ナヴァール、黒太子、カスティリアのペドロ一世（残忍王）の同盟。

4/3デュ・ゲクラン、ナヘラの戦いに敗れ、捕虜。

◇4/20教皇ウルバヌス五世、アヴィニョンを去り、ローマ帰還（ヴァチカン着、10/16）。

7/19要塞の整備に関する王令。

◇一三六七年以降、パリ、右岸で新しい市街建設。

一三六八年

一月、黒太子、アキテーヌにおいて向こう五年間、各戸一〇スーの戸別賦課税施行。

6/30アルマニャック伯、上記税制に反対してパリ高等法院に提訴。シャルル五世受理。11/16黒太子、召喚される（十一三六九年一月）。12/3シャルル五世、アキテーヌの各都市に書状送付。

◇シャルル五世の宮廷に詩人ユースタッシュ・デシャン、使番として出仕。

一三六九年

四月、エドワード三世に抗してポンテュ蜂起。5/2パリ高等法院、黒太子に欠席裁判のまま判決を下す。5/9～11シャルル五世、三部会に戸別賦課税に反対する提訴を承認させる。6/3エドワード三世、フランス国王の称号を用いる。八月～十月、ランカスター侯、ポンテュー、コー地方徘徊。11/30シャルル五世、アキテーヌ没収を宣言。4/3弩《おおゆみ》以外のいっさいの競技を禁ずる王令。11/29税務管理を一二名の王室収入役に任せる王令。

◇3/14デュ・ゲクラン、モンティエル（スペイン）で勝利を収める。カスティリア王ペドロ一世暗殺される。6/13ブルゴーニュ侯フィリップ（ル・アルディ）、リール、ドゥエ、オルシの譲渡と引きかえにマルグリット・ド・フランドルを娶る。

一三七〇年
（春）ランカスター侯、黒太子、アキテーヌで軍事行動。七～十二月、イギリス人傭兵隊長ロバート・ノールズ、ヴェルマンドワおよびガティネ地方を荒掠（パリ城門にいたる）デュ・ゲクラン、ポンヴァラン〔ル・マン南二五キロメートル〕、ブレシュイル〔ドゥ＝セーヴル県北部〕で野武士勢を撃退。9／19八月にベリー侯占領のリモージュ、イギリス軍に奪われる。10／2デュ・ゲクラン、フランス大元帥。
◇4／22パリ、サン＝タントワーヌ要塞（バスティーユ）の定礎。9／27ウルバヌス五世、アヴィニョンに戻る。

一三七一年
◇一三七〇～七年、ニコラス・オレームス、アリストテレス著作多数をフランス語訳。
◇一三七〇～四〇〇年、フロワサール『年代記』。

一三七二年
三月、ヴェルノン条約：シャルル五世とシャルル・ド・ナヴァール。シャルル五世、リムーザン、ポワトゥー奪還。6／23～24ラ・ロシェル沖にてイギリス艦隊撃滅。7／7デュ・ゲクラン、ポワティエ入城。8／8ラ・ロシェル、シャルル五世の手中に戻る。10／5　黒太子、アキテーヌ公国樹立断念（一三七六年6／8黒太子死）。
◇アヴィニョン、聖母マリアお潔めの儀式を始めて施行。パリ、「テュルリュパン派」（貧者の集団）、異端として弾圧される。

一三七三年
3／21イギリス軍、シゼ〔ドゥ＝セーヴル県南端〕で敗戦。4／28ブルターニュ侯ジャン四世、イギリスに出発。（夏）デュ・ゲクラン、ブルターニュ占領（除ブレスト、オーレ）。6／25～12ランカスター侯、ボルドー付近まで徘徊。

一三七四年

◇ペスト猖獗（＋一三七四年）。12／6中隊単位の軍編成に関する王令。12／7フランス提督ジャン・ド・ヴィエンヌに海軍工廠再建を命じる王令。シャルル五世、サン＝ドニに王家の血をひくすべての人びとの亡骸を納めるためのサン＝ジャン・バチスト礼拝堂を作らせる。ジル・マレによるシャルル五世蔵書の最初の目録。

8／21デュ・ゲクランとアンジュ侯、ラ＝レオル〔トゥルーズ西北三五キロメートル〕奪還。

◇南フランス飢饉（＋一三七四年）。1／14軍隊整備に関する第二回目の王令。八月、国王成年を十四歳とする王令。十月、摂政に関する王令。

一三七五年

7／1エドワード三世と休戦締結、於ブルージュ（↓一三七七年6／24）。

◇一三七五年頃、アンジェ「黙示録の壁掛け」。

◇一三七六年、『森番の夢』（一三七八年頃、フランス語訳）

◇一三七六年以前、ジャン・ド・リエージュ、シャルル四世とジャンヌ・デヴリューの横臥像。

一三七七年

6／21エドワード三世死。リチャード二世即位。

◇1／17教皇グレゴリウス十一世、ローマ到着（一三七六年9／13アヴィニョン出立）。

一三七八年

一月、神聖ローマ皇帝カール四世、パリ訪問。三～六月、デュ・ゲクラン、ノルマンディにおけるシャルル・ド・ナヴァール所領を占領。12／18ブルターニュ侯ジャン四世は裏切者として断罪され、侯国没収。

◇《ローマ》グレゴリウス十一世死（3／27）後、ウルバヌス六世の選出は一三名のフランス人枢機卿によって無効と宣せられる（8／2）。彼らによってもう一人の教皇クレメンス七世選出（9／20）。シャルル五世は後者を承認（11／16）。

◇一三七八年頃、『条約集大成』編纂される。

◇一三七八年以降、ラングドック地方で「森の民（テュシャン）」一揆。*

* 貧困と重税に耐えかねた細民が徒党を組んで流民化し、ラングドック一円を横行した。一三八一年、ベリー侯ジャンがラングドック方面軍司令官として着任後、各地で暴動が頻発した。「テュシャン」とは「社会から落伍した浮浪者」を指す〔訳注〕。

一三七九年

8/3ブルターニュ侯ジャン四世、サン＝セルヴァンに上陸。

◇6/20クレメンス七世、アヴィニョン定住。「大離教」の始まり。11/21戸別賦課税の全般的減税。モンペリエで反税暴動。ペスト猖獗。

一三八〇年

6/29ナポリ女王ジャンヌ・ダンジュ、ルイ・ダンジュと養子縁組。七月、ランカスター侯、カレーよりロワール渓谷を経てブルターニュまで徘徊（→一三八一年三月）。7/13デュ・ゲクラン、シャトーヌフ・デュ・ランドンで死。* 9/16シャルル五世死。11/4シャルル六世即位。11/16ジャン・ド・ベリ、ラングドック方面軍司令官。11/30「叔伯政府」を構成する諸侯の合意：ルイ二世・ド・ブルボン（シャルル五世妃ジャンヌ弟）、ルイ一世・ダンジュ（シャルル五世弟）、ジャン・ド・ベリ（同上）、フィリップ・ド・ブルゴーニュ（同上）。

◇9/16戸別財課税の全面的撤廃。

* 病を得て死期の近いのを悟ったデュ・ゲクラン大元帥は、攻城中のこの町の城外に臥したまま、旧友のド・サンセール元帥に節刀を託す。「この刀を君にゆだねる。国王より賜わった信頼を一度として裏切ったことのない誉れのこの刀を」。訃報に接した籠城軍のイギリス人守備隊長は彼の棺に町の鍵を供えた〔訳注〕。

一三八一年

◇一三八〇～四一〇年頃、英仏関係の最初の修復期。パリ、アヴィニョンで最初の人文主義運動。4／4第二次ゲランド条約により、ブルターニュのジャン四世に所領返還。リューランジャン〔サン＝トメール西南一〇キロメートル〕会談：シャルル六世とリチャード二世の特使による（＋一三八二年、一三八四～八五年）。

◇11／20ユダヤ人の所有権を制限し、利息の最高限度を押さえるための王令。5／17ユダヤ人に対し温情的処置をとったため解任された、パリ奉行ユーグ・オーブリオ、異端の嫌疑を受け公開改悛。9／1ベジエで暴動、ついで全ラングドックに広がる「森の民（テュシャン）」一揆。《フランドル》5／3ゲント《自治政府統領》フィリップ・ファン・アルテヴェルデ、ブリュージュを支配。フランドル伯ルイ二世・ド・マル、フランスに亡命。11／27ゲント降服ののち、ゲント自警団、フランス軍にローゼベッケにおいて粉砕され、ファン・アルテヴェルデ戦死。

一三八二年

◇1／17あらゆる商品に対する課税再開の王令。2／27～3／1「ルーアン」一揆（＋8／1）*3／1パリ、「マヨタン暴動」**。

* 一名、ルーアンの「ラ・アレル」（暴動）。商品に新税が課せられたのを機に生じた暴動で、富裕市民が略奪の対象となった〔訳注〕。

**「マヨタン」とは暴徒が武器に用いた「槌」のことである。この暴動もアンジュ侯ルイが食品に課そうとした税に端緒を発している。収税吏の多くが殺され、囚人が解放された。ルーアン一揆との関連が強い〔訳注〕。

八月、イギリス軍、フランドル地方で作戦。

一三八三年

◇1／27パリ、国王、奉行職と商人頭の職務を手中に収める。同業組合解散、集会禁止。

一三八四年　1/26リュランジャン休戦（→一三八五年5/1）。1/30ルイ・ド・マル死後、その女婿ブルゴーニュ侯フィリップ・ル・アルディ、フランドル伯。
一三八五年　◇人頭税新設、最初の直接税（一三八九年撤廃）。
6/1ヴィエンヌ提督、スコットランド上陸試みる。7/17シャルル六世、イザヴォー・ド・バビエールと結婚。8/28シャルル六世軍、フランドル占領。12/18トゥルネの和平。
一三八六年　（春）イギリス本土上陸計画（＋一三八七年春）。
◇一三八六年頃、『ジャン・ド・ベリ詩篇集』の彩飾画。
◇一三八六〜八年、フィリップ・ド・メジェール『老巡礼の夢』。
◇一三八六〜九〇年、オノレ・ボヴェ『戦闘樹』。
一三八七年　シャルル・ド・ナヴァール死。
一三八八年　8/18イギリスと休戦。八月末〜10/1、ブルゴーニュ侯フィリップの扇動によりゲルドル合戦。11/3シャルル六世、「叔伯」追放、顧問官（マルムゼ）による行政*。

＊シャルル六世は「叔伯政府」を解消すべく、父王の信頼の厚かった有能な官僚たちを顧問官として呼び戻した。彼らのあだ名「マルムゼ」とは、扉のたたき金具や暖炉の薪台に用いられている醜怪な顔をした小人のことで、両者の苦虫をかみつぶしたような謹厳な表情からつけられたものである〔訳注〕。

◇ペロ・ル＝ベアルネ率いる傭兵団によるモンフェラン荒掠。
一三八九年　五月、サン＝ドニ祭。8/22〜27王妃パリ入城、戴冠聖別式。九月、シャルル六世、ラングドック巡行（→一三九〇年一月）。

一三九〇年

◇パリ、商人頭の職務再開。2／5王国の行政に関する王令。3／11通貨に関する王令。1／5シャルル六世とフォワ伯ガストン・フェブュス協約：ガストン、アルマニャック伯ジャン三世と和解。6／18イギリスとの休戦更新。

◇四月、租税法院および宝物庫新設。

◇一三九〇年頃、ジャック・ダブレージュ『フランス大慣習法』。ピエールフォン城建設。

◇一三九一年、1／6ジャン・ジェルソン、大離教を終結させるため宮中で説教。7／12野武士頭目メリゴ・マルシェ処刑。

一三九二年

1／16シャルル六世とブルターニュ侯ジャン四世（一三九九年死）、トロワで協定。三月、シャルル六世とリチャード二世、アミアンでの「話し合い」（交渉決裂）。6／4王弟ルイ、オルレアン侯。6／13大元帥オリヴィエ・ド・クリソン、ブルターニュ侯配下ピエール・ド・クランに襲われ負傷、* ピエール、ブルターニュに亡命。8／5国王、ル・マンの森通過中最初の狂気発作。** 「顧問官（マルムゼ）」更迭。

◇野武士に占領されていたシャリュセ城を国王軍奪回。

＊ピエール・ド・クランはアンジュ伯ルイのナポリ遠征のとき、軍資金運搬役をつとめ、その一部を着服した。そのため不興を蒙ったが、ブルターニュ侯ジャン四世に大元帥オリヴィエ・ド・クリソンのさしがねだと吹き込まれたため、パリで大元帥の暗殺を企てたが、失敗してブルターニュに逃亡した。シャルル六世が最初の狂気の発作を起こしたのは、その事件のためにブルターニュに懲罰のための遠征に向かう途上であった〔訳注〕。

＊＊炎暑の最中ブルターニュ遠征におもむく国王軍がル・マンの森を通過しているとき、見知らぬ一人の背の高い男が行軍をさえぎり、国王の乗馬の轡を抑えて、「陛下、これ以上先に進まれてはな

りませぬ。裏切者がおりまする」と叫んだ。近習の士がこの男を国王から離そうと割って入ったとき、彼の槍が小姓の兜に当たって金属的な鋭い音をたてた。その途端に狂気の発作が国王を襲い、王は抜刀すると一撃のもとにその男を倒した。それから馬に拍車をかけ一時間あまりを全速力であたりかまわず駆けまわった。「裏切者をやっつけろ、余を敵の手に引渡すつもりか」とどなりながら誰彼かまわず斬りつけ、四人まで斬り殺した。ようやく王の刀が折れたところで取り押さえ、荷車にしばりつけ、そのままル・マンの町に入るしか他に方法はなかった〔訳注〕。

一三九三年

(夏)リューランジャン会議(一三九四年三〜六月):イギリス、シェルブール返還。

◇一月、国王の成年および摂政に関する王令。* 2/28仮装舞踏会。** ユースタッシェ・デシャン『文章読本』。

◇一三九二〜三年頃、ジャン・ダラス『メリュジーヌ』。

* 摂政オルレアン侯ルイ、国王軍司令官ベリー侯ジャン、政治総裁ブルゴーニュ侯フィリップ〔訳注〕。

** 王妃イザボーの女官の一人の再婚を祝って催された舞踏会で国王と九人の若い貴族が羽毛を生やしたぬいぐるみをまとって原始人に仮装した。誰かの近づけた松明の火が羽毛に燃えうつり、四人が焼死する大惨事となった。国王自身は若い叔母ベリー侯夫人の機転で最悪の事態を免れたが、事故の意味が理解できず、「きれいな炎はどこに行ってしまったのだろう」とニコニコしていたという〔訳注〕。

一三九四年

《イタリア》11/17サヴォナ条約:ジェノバへの独立を保障するかわりにオルレアン侯守備隊の配置承認。

◇一月、パリ大学、大離教終結のため三つの提案:公会議召集、両教皇への調停ないしは示談、または両教皇の隠退、譲位。9/17ユダヤ人の王国居住許可取り消しに関する王令。

◇一三九五年、五〜六月、聖職者会議で譲位案採択:ベネディクトゥス十三世(一三九四年

9/28選出）譲位拒否。

一三九六年

3/11イギリスとの全面的休戦締結（一三九八年9/29～一四二六年9/29）。《イタリア》

3/27シャルル六世の代理人によるジェノバ領有。10/26シャルル六世とリチャード二世、アルドルで会談。

◇八月、二回目の聖職者会議で、教皇への服従停止提案される。9/25ハンガリー十字軍：ブルゴーニュ侯フィリップの子ヌヴェル伯ジャン、ニコポリスでトルコ軍に敗戦。

一三九七年

◇ジャン・ジェルソン、パリ大学総長。

イギリス、ブレストを放棄。

◇一三九八年、7/27対立教皇ベネディクトゥス十三世に対するフランス王国の服従停止を宣する王令。十月、ブシコー元帥によるアヴィニョン教皇庁攻囲（↓一三九九年四月）。9/19パリ大学、二八の「過誤」を弾劾。

一四〇〇年

ルイ・ドルレアン、叔父ブルゴーニュ侯と対立。オルレアン派、有力となる（↓一四〇七年）。5/18ヘンリー四世（リチャード二世後継）休戦確認（＋一四〇三年六月）。

◇ドミニコ会士ヴァンサン・フェリエ、南仏で説教（↓一四一九年）。

◇一四〇〇年頃、ルイ・ドルレアンとナヴァール学寮を中心とするフランス人文主義の発達。

◇一四〇〇年以前、クラウス・スリューテル『モーゼの井戸』。

◇一四〇〇～三年、クリスチーヌ・ド・ピザン『幸運の女神の心変わり』。

一四〇一年

10/26ブルゴーニュ侯フィリップ、パリ高等法院に建白。12/7フィリップ、兵を率いてパリに迫る。

一四〇二年　1／14オルレアン侯とブルゴーニュ侯の合意。4／18ルイ・ドルレアン、租税法院総裁。11／19ブルゴーニュ侯フィリップ、ブルターニュ侯国摂政兼後見人。

◇ジャン・ド・ベタンクール、カナリー諸島征服。パリ、受難劇社中、独占上演権獲得。

一四〇三年　《ブルターニュ》二月、ジャン四世未亡人ジャンヌ・ド・ナヴァール、ヘンリー四世と再婚。

◇4／26国王不在中の摂政、行政に関する王令。3／11ベネディクトゥス十三世、アヴィニョンを去り、シャトールナールに拠る。5／30フランス教会のベネディクトゥス十三世への服従停止を宣する王令。

一四〇四年　一月、ルイ・ドルレアン、ギュイエンヌの総司令官。4／27ブルゴーニュ侯フィリップ死。その子ジャンとルイ・ドルレアン対立。6／6ルイ・ドルレアン、ピカルディならびにノルマンディの国王代理。

◇対英戦争に備えるため人頭税制定。クリスティーヌ・ド・ピザン『シャルル賢王言行録』。ジャック・ルグラン『淳風美俗論』（初稿）。

一四〇五年　8／17オルレアン侯による王太子ルイ拉致未遂。ブルゴーニュ侯ジャン、王太子をパリに連れ戻す。10／16ルイ・ドルレアン、ブルゴーニュ侯ジャンの和議。11／7ジャン・ジェルソン、説教「国王萬歳」。対英戦争再開：私掠船による戦い、ギュイエンヌでの作戦、ウェールズへのフランス側遠征。

◇（秋）パリ大学ストライキ、教皇庁の十分の一税課税に抗して。3／5第二次人頭税の制定。

◇一四〇五〜八年頃、『ブシコー時禱書』の彩飾画。

◇一四〇六年一月、国王不在中の権力行使に関する王令。7／17服従停止を非とする「トゥルーズ大学書簡」へのパリ高等法院の弾劾。9/11教皇による増税をすべて無効とするパリ高等法院の判決。11/18新規の聖職者集会。フランシスコ会士ジャン・プティの演説。

一四〇七年　11/23ブルゴーニュ侯手先によるオルレアン侯暗殺。十二月、ブルゴーニュ侯ジャン（フランドルに亡命）、アミアンでベリー侯、アンジュ侯と会見。
◇2/18教皇より教会禄の授与権およびフランス教会からの税金徴収権を取り上げる王令。

一四〇八年　2/28ブルゴーニュ侯ジャン、パリに戻る。3/8ジャン・プティ、演説でブルゴーニュ侯を正当化。3/9ブルゴーニュ侯ジャンに赦免状交付。8/26王妃、王太子、パリに戻る。9/11トマ・デュ・ブールよりジャン・プティへの回答。11/3シャルル六世、トゥールへ。11/28ブルゴーニュ侯ジャン、パリ入城。
◇4/8ベネディクトゥス十三世、シャルル六世を破門。5/25服従停止の決定公表。9/23ブルゴーニュ侯ジャン、リエージュで傭兵撃破。

一四〇九年　ブルゴーニュ勢力絶頂期（→一四一三年）。3/9オルレアン侯シャルルとブルゴーニュ侯ジャン、シャルトルで和解式。3/17国王、パリ帰還。10/17アルマニャック派の大蔵卿ジャン・ド・モンテギュ処刑。10/20王国改革委員指名。11/11王妃、ブルゴーニュ侯、ナヴァール王、エノー伯間の協定。12/23ブルゴーニュ侯ジャン、王太子の警護役。
◇3/25ピサ教会会議。6/26教皇アレキサンデル五世選出。ベネディクトゥス十三世、グレゴリウス十二世、降座拒否。

一四一〇年　4/15ジアン同盟結成：ベリー、アンジュ、オルレアン、ブルターニュの各侯、アランソン、クレルモン、アルマニャックの各伯。9/2トゥール宣言：アルマニャック派（シャルル・ドルレアンの党派）、自己正当化主張。11/2アルマニャック派とブルゴーニュ党、ビセートルの和平。

一四一一年

◇ピエール・ダイイ『世のすがた』。

7/14ジャルジョ宣言：オルレアン派、国王の裁定要求。7/18オルレアン侯、ブルゴーニュ侯ジャンに挑戦。八月、アルマニャック軍のパリ攻囲。9/23ブルゴーニュ侯ジャン、パリ入城。九月、ブルゴーニュ侯ジャン、イギリス人と交渉。

一四一二年

◇一四一一年九月～一二年九月、ブルゴーニュ侯ジャン、一五名の代官、家老追放。

五月、国王軍、ベリー侯に対する軍事行動（6/11ブールジュ攻囲）。5/18アルマニャック派とイギリスの同盟。8/10イギリス軍、コタンタン半島上陸、ボルドーまで行軍。8/22アルマニャック派、ブルゴーニュ党、オーセールの和議。11/14イギリス軍退去に関するブュザンセ協定。

一四一三年

◇1/20パリ、商人頭ならびに助役制、復活に関する王令。

1/30オイル語圏三部会、パリで開催（改革案準備のため）。4/28、5/9～11、5/22パリ、反王太子暴動（カボシュの乱）*。5/26～27「カボシュ王令」**発布。6/22～8/4ポントワーズの和平。8/23ブルゴーニュ侯ジャン、パリ退去。9/5「カボシュ王令」撤廃。

◇3/20ヘンリー四世死、ヘンリー五世後継。9/24アルマニャック派代官、家老二四人解任。

* 「頭（カボシュ）」と仇名された屠殺場の親方シモン・ル＝クートリエに率いられた民衆は、ブルゴーニュ侯ジャンの扇動を受け王太子（アルマニャック）派と見なされた人びとに対し略奪、殺戮を欲しいままにした〔訳注〕。

** ブルゴーニュ派の手に成る、大幅な行政上、司法上の改革を盛り込んだ王令である〔訳注〕。

一四一四年
5/23ブルゴーニュ党、イギリスとライスター協定。十二月、ヘンリー五世、フィリップ＝オーギュストおよびシャルル五世に取り戻された領土とフランス王の冠を要求。

一四一五年
◇2/24パリ大学、ジャン・プティの弁明と弾劾。11/1コンスタンス公会議開幕（→一四一七年）。
◇アルマニャック派の優勢（→一四一八年）。2/7ブルゴーニュ侯ジャン、軍勢を率いてサン＝ドニにいたる。2/10ジャン侯、国王顧問会議により追放。（春〜夏）国王軍、ブルゴーニュ派の都市に示威行動。7/28アラス攻囲。9/4アルマニャック派、ブルゴーニュ党、アラスで休戦。
9/22王太子、租税院総裁に任命。

二月、パリ、イギリス側要求の開示。8/12ヘンリー五世、ノルマンディ上陸。9/25フランス軍、アザンクールで惨敗し、シャルル・ドルレアン捕虜。*

＊五万のフランス軍が一万五〇〇〇のヘンリー五世軍に大敗した。フランス側戦死者一万、無数の負傷者のほか、シャルル・ドルレアンはじめ名だたる貴族が捕虜となった。敗因はフランス軍の無規律と無策、クレシーの敗北の教訓はまったく生かされなかった。この敗北はフランスを危うくするものであった〔訳注〕。

一四一六年
◇3/13諸侯、アラスで和議。12/18王太子ルイ死。12/30アルマニャック伯ベルナール七世、フランス大元帥。
2/12ベルナール・ダルマニャック伯、フランス王国総司令官および財務長官。

6/15ベリー侯死。侯領、王家に戻る。8/15フランス艦隊、セーヌ湾で敗北。十月、ブルゴーニュ侯ジャン、ヘンリー五世を「フランス王位に就くべき人」と認める。
◇アラン・シャルティエ『四貴女物語』。

一四一七年
6/29シェフ・ド・コーでフランス船団壊滅。8/1以降、イギリス軍、ノルマンディ征服。

一四一八年

◇11/11コンスタンス公会議における教皇マルティヌス五世の選出（大離教の終末）。

◇4/5王太子ジャン死。6/14シャルル王太子、王国総司令官。（夏）ブルゴーニュ軍、パリ攻囲。12/23王妃の率いる臨時政府、トロワに設立*。

＊王太子を擁するアルマニャック派の支配するパリを逃れて、ブルゴーニュ侯に操られた王妃イザボー・ド・バヴィエールがトロワに対立政府を樹立、高等法院や会計院の移転を命令。王妃は前年一月にブルゴーニュ侯ジャンを王国総督に任命している〔訳注〕。

5/29ブルゴーニュ党、パリ入城、王太子、ブールジュに逃れる。ブルゴーニュ勢力優勢（↓一四三五年）。7/29ルーアン攻囲（↓一四一九年1/19）。

◇3/22錬金術師ニコラ・フラメル死。5/2教皇マルティヌス五世、コンスタンス公会議のフランス代表団と和議締結。9/21ニオール王令：ポワティエに高等法院設置。

六～七月、イギリス＝ブルゴーニュ協議、於ムラン、ポントワーズ。12/2ブルゴーニュ侯フィリップ、ヘンリー五世協定：ベッドフォード侯とフィリップ侯妹の結婚（一四二三年5/13挙式）。12/24二カ月間の全面休戦。

一四一九年

◇7/11プーイ＝ル＝フォール協定：王太子とブルゴーニュ侯ジャン。9/10ジャン侯暗殺、於モントロー*。十二月、シャルル六世、ラングドック巡行（↓一四二〇年五月）。

◇一四一九年頃、『パリ一市民の日記**』。

＊モントローはパリ東南八〇キロメートルにある町で、町の中心でセーヌ川とイオンヌ川が合流している。この合流点の少し手前にモントロー城があった。王太子とブルゴーニュ侯とのあいだで設定された橋上会談はその頃幾度となく試みられたが、いつももの別れに終わっていた両派和解への努力の一端であった。会談はたちまち議論となり、何かの拍子に侯が帯剣の柄に手をかけた

と同時に王太子の忠臣タンギ・ド・シャテルが手斧の一撃を侯の頭上に加えた。この暗殺が王太子派の計画的犯行であったかどうかはよくわからない〔訳注〕。

＊＊「乱世・泰平の日記」、『渡辺一夫著作集』9、（筑摩書房、一九七一年）を参照〔訳注〕。

一四二〇年

1/17王太子の権利喪失を宣する王令。5/21トロワ条約：シャルル六世、王太子を否認、廃嫡。王女カトリーヌとヘンリー五世の結婚。ヘンリー五世、フランス王国摂政ならびに王位継承者。12/1シャルル六世、ヘンリー五世、パリ入城。

◇2/9王太子、リヨンに年二回の大市開催を許可。

◇一四二〇年頃、『貧者の聖書』の木版印刷。

一四二一年

イギリス軍、王太子軍に敗北、於ボージェ〔アンジェ東三五キロメートル〕。5/8サブレ条約：王太子とブルターニュのジャン五世の同盟。6/10ヘンリー五世来仏。12/6ヘンリー五世・カトリーヌ長男ヘンリー誕生。

一四二二年

5/2イギリス軍、モー奪取。8/31ヘンリー五世死、於ヴァンセンヌ。10/21シャルル六世死。10/30王太子シャルル、フランス王を名乗る、於ブールジュ。11/11ヘンリー六世、フランス・イギリス王を宣言。11/19ベッドフォード侯、パリ高等法院により摂政として承認。

◇ドール〔ジュラ県北部〕に大学新設。

◇一四二二年八月以前、アラン・シャルティエ『四人譏罵問答』。

一四二三年

一月、シャルル七世軍、ムラン奪取。4/17アミアン同盟：イギリス、ブルゴーニュ、ブルターニュ。7/31国王軍、クラヴァン〔オーセール東南一五キロメートル〕で敗戦。

一四二四年

9/26国王軍、ラ＝グラヴェル〔ラヴァル西一五キロメートル〕で勝利、ついでコンピエーニュ奪取（十一月）。10/11ブルターニュ侯ジャン五世の弟アルテュール・ド・リッシュモン、ブルゴーニュ侯フィリップ妹（王太子ルイ未亡人）マルグリットと結婚。8/17国王軍、ヴェルヌイユ＝シュール＝アーヴルで敗戦。9/28国王軍、ブルゴーニュ侯フィリップと休戦（於シャンベリ）。イギリス軍、モン＝サン＝ミッシェル攻囲（↓一四二五年6/16）。

◇ベッドフォード侯、シャルル六世の図書室の写本買い上げ。

一四二五年

1/6ジャン・ド・フォワ一世、ラングドック地方の国王軍総司令官。3/7アルテュール・ド・リッシュモン、フランス大元帥。3/25ジャン・ド・ブルターニュ五世とブルゴーニュ侯フィリップの協定。7/5国王寵臣ジャン・ジューヴェ宮廷を去る。10/7ソーミュール条約：ブルターニュ侯ジャン五世、シャルル七世への臣従礼受諾。11/26ベッドフォード侯、留守中のフランス国政をブルゴーニュ侯フィリップ（補佐役テルーアンヌ司教ルイ・ド・リュクサンブール）に一任。

一四二六年

1/15イギリス、ジャン五世に宣戦布告。3/6アルテュール・ド・リッシュモン、サン＝ジャム＝ド＝ブヴロン〔モン＝サン＝ミッシェル東南二〇キロメートル〕で敗戦。

◇10/21ジェナザノ勅書により、シャルル七世の一四一八年の和議の承認。

一四二七年

ワーウィク伯、ヴァンドーム伯、サフォーク侯（五月）によるポントルソン（2/22〜5/8）〔モン＝サン＝ミッシェル南一〇キロメートル〕およびモンタルジス（七〜九月）〔オルレアン東五五キロメートル〕攻囲。6/5サフォーク侯元秘書ギヨーム・ブノワ、偽書状の作成を白状。ブルゴーニュ侯フィリップ暗殺計画にベッドフォード侯、グロースター伯、サフォーク侯を連座。6/6～6/13、リールでブルゴーニュ侯フィリップ・ベッドフォード伯会談。9/5シャルル七世軍、モンタルジスで勝利。9/8ジャン・ド・ブルターニュ五世、トロワ条約への同意を再確認。

◇一月、アルテュール・ド・リッシュモン、ジャン・ド・フォワ一世の協定。2/8アルテュール・ド・リッシュモンの教唆により、シャルル七世寵臣ピエール・ド・ジアク暗殺さる。九月、アルテュール、国王の不興を蒙る。ジョルジュ・ド・ラ＝トレモイユ、寵臣となる。

◇オダール・モルシェーヌの書式集により、官職任命手続き明確化。

一四二八年

7/17アルテュール・ド・リッシュモン叛逆。ジョルジュ・ド・トレモイユとのあいだに私戦（↓一四三二年3/5）。九～十一月、シノン三部会。10/12ワーウィク、ソールスベリ、オルレアン包囲。

一四二九年

一月、ジャンヌ・ダルク、ヴォークルールの守備隊長ロベール・ド・ボードリクール訪問。2/12「鰊の日」*。3/6ジャンヌ・ダルク、シノンで国王に謁見。4/29ジャンヌ、オルレアン到着。5/6イギリス軍、オルレアン包囲を解く。6/18パテー合戦、イギリス軍惨敗**。7/17シャルル七世、ランスで戴冠。9/8国王軍、パリ城壁で敗退。（冬）ジャンヌ、ラ＝シャリテ＝シュール＝ロワール包囲の後退却。

* オルレアン籠城軍がイギリス軍の補給部隊に仕かけて惨憺たる敗北に終わった合戦で、イギリス軍は四旬節期間中の食糧として塩漬けの鰊の樽を運んでいたので、この名がある〔訳注〕。

** アザンクールの仇討と呼ばれるフランス軍完勝の野戦。いくつかの偶然がフランス側に幸いして、イギリス軍は総崩れとなり、戦死者、捕虜は四〇〇〇を越えたが、フランス軍の死者は三名であった〔訳注〕。

一四三〇年

5／20ブルゴーニュ軍、コンピエーニュ攻囲。5／23ジャンヌ、捕虜となる。ジャン・ド・リュクサンブールの配下に捕えられ、トゥール貨一万リーヴルでイギリスに売り渡される。5／26パリ大学、ジャンヌを異端として告発。6／11シャルル七世、アントン〔リヨン東二〇キロメートル〕でオレンジ公ルイ・ド・シャロンに勝利。

◇ブルゴーニュ侯フィリップ、「金羊毛騎士団」設立。

◇一四三〇年頃、シャロンの大市消滅。『ソールスベリの聖務日課書』の彩飾画。フラメルの親方『キリストの降誕』。

◇一四三〇〜四〇年頃、「新しい時代の信仰」の思想と実践。

一四三一年

1／9於ルーアン、ジャンヌ・ダルク裁判開始。5／24ジャンヌ、罪を認め改悛の誓い後、誓いを撤回。異端再犯を宣告され（5／29）、旧市場（ヴュー・マルシェ）広場で火刑（5／30）。12／6シャルル七世・ブルゴーニュ侯フィリップのあいだで六年間の休戦締結（於リール）。12／16ヘンリー六世（十歳）、パリでフランス王として聖別。

◇ロレーヌ継承問題：6／30アンジュ侯ルネ、ビュルニェヴィル〔ヴォージュ県西部〕で従弟ヴォーデモン伯に敗れ、捕虜。三月、バーゼル教会会議開幕。ポワティエ大学創設（一四三二年一月、ヘンリー六世、カーン大学新設）。

一四三三年

六月、アルテュール・ド・リッシュモン、ジョルジュ・ド・トレモイユを拉致、モントレゾール〔トゥール東南五〇キロメートル〕に監禁。

一四三四年　8/12オイル語圏三部会開催（於トゥール）。ロレーヌ継承問題：4/24シギスモンド皇帝、ルネ・ダンジュへのロレーヌの帰属を確認。（夏）イギリスに対するノルマンディ農民一揆鎮圧。

一四三五年　一月、シャルル七世・ブルゴーニュ侯フィリップ、ヌヴェールで協議。五月、シャルル七世の傭兵隊長、サントライユおよびラ＝イール、ジェルブロワ〔ボーヴェ北西二〇キロメートル〕でアランデル伯に戦勝。6/1デュノワ伯、サン＝ドニ到着。八〜九月、アラス会談：フランス・イギリス・ブルゴーニュの代表による。イギリス側帰国（9/6）ののち、シャルル七世・ブルゴーニュ侯フィリップ間会談。9/14ベッドフォード侯死、於ルーアン。9/21アラス条約：フランス側、マコン、オーセール、バール＝シュール＝セーヌ、およびソンムの諸都市譲渡。ブルゴーニュ侯フィリップは一代限り臣従礼を免除される。10/28国王軍、ディエップ奪取。イギリス軍、コー地方〔ノルマンディ、セーヌ河口北部〕での蜂起弾圧。

◇一四三五年以降、傭兵くずれの野盗団（エコルシュール）の横行：ロドリグ・ド・ヴィアンドランド、アントワーヌ・ド・シャバンヌ、ラ＝イール、サントライユ、フロケ、ル＝バタール・ド・ブルボン、ル＝バタール・ダルマニャック（→一四四四年）。ジャン・ジュヴェナル＝デ＝ズルサン『聞け天の声』。ジャン・ゴーセル「パリ、サン＝ジェルマン＝ロークセロワ教会の正面玄関」

一四三六年　二月、国王軍、ポントワーズ、ムラン奪取。4/13リッシュモン大元帥、パリ入城。イギリス軍撤退（4/15）。七月、カレー攻囲中のブルゴーニュ軍、イギリスから援軍到着のため包囲を解く。

一四三七年

◇リヨン、反税一揆。「良貨」復活（1/28）および租税院再建（2/28）の王令。
◇一四三六年以降、ギヨーム・デュフェ（音楽家）、カンブレ大聖堂参事会員（→一四七四年）。
一月、ポントワーズ、イギリス軍に奪回される。四月、諸侯同盟（ジャン・ド・ブルボン二世、シャルル・ダランソン一世）挫折。10/10シャルル七世、モントロー入城。11/12シャルル七世、パリ入城。

一四三八年

国王軍、ドリュ、モンタルジス占領。
◇ペスト猖獗（十一四三九～四〇年）。6/5於ブールジュ、聖職者会議。7/7ブールジュ国本勅錠。バーゼル教会会議の決議受入れ*。

＊フランス教会独立運動の最初の基本的文典となる。一四六一年にルイ十一世が廃止したのちも「国本勅錠」は以後の国王と教皇のあらゆる折衝における参考文献となる〔訳注〕。

一四三九年

7/21デュノワ伯、国王侍従および受爵。七月、グラヴリーヌ和平交渉挫折。十～十一月、オルレアン三部会開催。
◇11/2徴兵に関する王令。

一四四〇年

二月、プラグリーの乱：王太子ルイを囲む貴族の反乱*。三月、シャルル七世、ポワトゥー、オーヴェルニュ親征。七月、キュセ条約。（秋）アザンクールの敗北以来イギリスで捕虜となっていたシャルル・ドルレアン帰還。
◇10/26国王軍武将ジル・ド・レ、魔術師として処刑**。ジャック・クール、国王調度方（一四四三年、国王顧問会承認）。

＊王権の拡大によって損なわれる封建諸侯の権益の問題を根底に各種の不満の蓄積と王太子ルイの

政治的野心などが重なりあって企てられた反乱。ブルターニュ侯ジャン五世、アランソン侯ジャン、アンジュ侯ルネ、ブルボン侯シャルル、アルマニャック伯ジャン四世らが参加、ブルゴーニュ侯フィリップも陰から支援した。国王側の迅速な対処で、一四四〇年七月には事実上反乱は終結。「プラグリー」の名称は同時期にプラハで発生した同種の反乱にちなむ〔訳注〕。

**レ領主ジル・ド・ラヴァルはオルレアンからコンピエーニュまでジャンヌ・ダルクとともに戦ったフランス元帥である。一四三四年、居城ティフォージュに隠退してから、数百人の児童殺害の容疑で逮捕、処刑された。大量殺人の動機は黒ミサの犠牲とも倒錯性欲のためともいわれる〔訳注〕。

一四四一年

国王軍、シャンパーニュで傭兵くずれの野盗団（エコルシュール）掃討。首領バタール・ド・ブルボン、オーブ川で溺死。クレイユ（五月）、ポントワーズ（9／19）奪回ののち、シャルル七世、イール・ド・フランス制圧。

◇ガスパール・ビュロー、シャルル七世の砲兵隊司令官（→一四六九年、彼の死まで）。ボルドー大学創設。

一四四二年

一～三月、諸侯、ヌヴェールに集い新しい同盟結成：「ヌヴェールのだましあい」、不平諸侯結束*。五～十二月、国王軍、アングーモア地方〔シャラント県〕占領。「タルタスの勝利」。シャルル七世、トゥルーズ入城（6／8）。アキテーヌ進入、のち撤退。

*ブルゴーニュ、オルレアン各侯を含むプラグリー加盟諸侯がヌヴェールに終結したが、国王側からの封地授与、特権交付といった巧みな懐柔策と諸都市の国王への忠誠表明によってこの新しい反国王同盟も自然に解消した〔訳注〕。

◇一四四二年頃、マルタン・ル＝フラン『女性戦士』。

一四四三年

三月、ジャン・ダルマニャック四世、コマンジュ伯領横領の件でパリ高等法院に召喚さる。十二月、ジャン四世逮捕（→一四四五年8／26）。王太子ルイによる所領管理。

一四四四年

8／22フリードリヒ三世皇帝、スイス諸州への対処でシャルル七世に援助依頼。

◇トゥルーズに高等法院設置。

◇一四四三年頃、大蔵卿ジャック・クール、ブールジュに館建設、ボーヌ施療院建設。ジャン・ド・ラ＝ユエルタ、ブルゴーニュ侯ジャン妃マルグリッド・ド・バヴィエール墓碑。

4／16～5／14トゥール和平会談。5／28フランス、イギリス、二二カ月休戦締結。8／26王太子ルイ、スイス諸州軍を降す（於サン＝ジャック・ド・ラ＝ビス）。9／28アンシセム条約でスイス諸州と和平。ルネ・ダンジュの求めに応じシャルル七世、ロレーヌ州遠征。エピナル〔ヴォージュ県〕降服（9／4）。

◇セーヌ川およびその支流での関所全廃。リヨン、第三番目の大市開設（一四六三年、第四番目の大市開設）。4／15ランディの大市再開*。

＊十二世紀以来、パリ北郊サン＝ドニで聖バルナバの祝日（6／11）から聖ヨハネの祝日（6／24）までの二週間催される大市。パリ大学は年間必要と思われる羊皮紙を最先に買いつける特権をもっていた。学頭を先頭に美々しく着飾った大学人が学生を引きつれて市に繰り込んでくる様子を描いた壁画がソルボンヌの回廊に見られる〔訳注〕。

一四四五年

《ロレーヌ》メスとの和議成立（2／28）。トゥル、国王の保護を受諾。ヴェルダン、ルイ九世と結んだ保護協定更新（五～六月）。

◇パリ、トゥール、ルーアン、モンペリエに財務職新設。二月、ルーピ＝ル＝シャテル王令：騎兵隊を構成するための一定数の部隊の確保を定める。

◇一四四五～六一年、ジャン・フーケ『エティエンヌ・シュヴァリエの時禱書』の彩飾画。

一四四七年 一月、王太子ルイ、父王と反目してドーフィネに引き上げ（↓一四五六年八月）。
◇トマス・ア＝ケンピス『キリストのまねび』フランス語訳。

一四四八年 3/16国王軍、ル＝マン占領。4/28「自由射手」軍団編成の王令。*

*「自由射手」、「自由弓兵」などと呼ばれているこの制度は国民軍の一種である。各教区より一名づつ選抜された市民兵には給料が支払われ、常時の訓練と戦時の動員が課せられる代わりに、戦役課税・他の直接税は免除された。この制度はその免税特典により富裕階層の子弟の志願が増えたため、たちまちに戦闘能力の低下を招き、一四八〇年にはルイ十一世はこれを廃止、戦闘技術集団であるスイス傭兵の雇用に切り替えることとなった。一四七〇年頃に書かれたとされる『バニョレの自由射手』（後出）では案山子に腰をぬかす臆病射手が笑いものにされている〔訳注〕。

一四四九年 3/24イギリス、ブルターニュ領フージェール占領。6/17シャルル七世・フランソワ一世（ブルターニュ）同盟。7/17イギリスとの休戦決裂、国王軍、ノルマンディで軍事行動開始。11/10シャルル七世、ルーアン入城。

一四五〇年 3/15イギリス軍、シェルブール上陸。4/15国王軍フォルミニ〔バイユー北西一五キロメートル〕で勝利。カーン（7/1）、シェルブール（8/12）、ベルジュラック（ギュイエンヌ、十月）、国王軍制圧。アルテュール・ド・リッシュモン、ノルマンディ総督。
◇2/15ジャンヌ・ダルク復権裁判について、神学者ギヨーム・ブーイエの予審開始。10/28国王の忠臣に戦争で失った財産回復をさせる王令。
◇一四五〇年頃、ジャック・ミレ『大トロイ陥落史』。グーテンベルクによる『聖書』の印刷（於マインツ）。

一四五一年 3/9王太子ルイ、父王の許可なくシャルロット・ド・サヴォワと結婚。五～八月、

一四五二年

国王軍、ギュイエンヌで連戦連勝。ボルドー降服（6／12）、バイオンヌ（8／12）。

◇ノルマンディに恒久守備隊配置（一四五四年、ギュイエンヌに）。7／31ジャック・クール逮捕。*

*大蔵卿であると同時にシャルル七世個人の調度掛をもつとめた一代の豪商の逮捕理由は公金横領、王の愛妾アニェス・ソレル毒殺など実に陳腐なものでしかなかったが、判決は全財産没収と莫大な罰金刑であった。甥の提督の力添えで脱獄に成功した彼は教皇のもとに避難、さらに教皇の企てたトルコ遠征の指揮をとるべくおもむいたオリエントで一生を終えることになる〔訳注〕。

一四五三年

2／21モンティ＝レ＝トゥール条約：シャルル七世・フランソワ・スフォルツァの同盟。

10／23ボルドー、イギリス軍に奪回される。

◇エストゥートヴィル枢機卿、パリ大学に新学則布告：教師の宣誓、固定給等。

三月、国王軍、ギュイエンヌへ再度遠征。7／17国王軍、カスティヨンで勝利。

10／19ボルドー解放（百年戦争終結）。10／27クリペ条約：シャルル七世・サヴォワ侯。

◇5／29トルコによるコンスタンチノープル奪取。オリエントにおけるキリスト教帝国の終末。

王太子ルイによるグルノーブル高等法院設立をシャルル七世承認。

◇一四五三〜四年頃、アンゲラン・カルトン『聖母の戴冠』。

◇一四五四年2／17ブルゴーニュ侯フィリップ、「雉の宴」においてエルサレム他の聖地回復を約す。* 4／15モンティ＝レ＝トゥール王令によりパリ高等法院改組。

*トルコ人に占領されているコンスタンチノープルなどの解放に出かける誓いを確認するために盛大な宴が催された。巨大なパテのなかから二八人の楽士が姿を現わしたり、きらびやかに飾りたてられた象が会場を一周したりするなか、宝石で光り輝く生きた雉が登場するとブルゴーニュ侯

はじめその場に列席している騎士がおごそかに聖地回復のための出征の誓いをたてた〔訳注〕。

◇一四五五年、盗賊団「コキヤール」、ブルゴーニュで逮捕。王室検事ジャン・ド・ヴェ、ジャック・クールより没収したリヨネ地方の鉱山に関する規約制定。フランソワ・ヴィヨン、書記殺害の廉により追放刑。ジョルジュ・シャトラン『年代記』（→一四七五年）。

一四五六年

5／27国王に対する反逆罪でアランソン侯逮捕（一四五八年10／10有罪）。8／30王太子ルイ、ブルゴーニュ侯フィリップのもとに身を寄せる。

◇7／7ジャンヌ・ダルク処刑裁判無効判決。11／25ジャック・クール死、於キオ（ギリシャ・イオニア地方）。フランソワ・ヴィヨン『形見分け』*。アントワーヌ・ド・ラ＝サル『ジャン・ド・サントレ』。

*『ヴィヨン全詩集』（鈴木信太郎訳）、岩波文庫、岩波書店、一九六五年〔訳注〕。

一四五七年

ドーフィネ地方、王領に併合。レ島でイギリス軍荒掠。

◇ルネ・ダンジュ『燃えて身を焼く恋心の物語』。

◇一四五七頃、ルーアン大聖堂聖職者席。

◇一四五八年5／11フランスの主権回復のため、ジャン・ド・カラブル、ジェノヴァ着。

◇一四五八年頃、アルヌール・グレバン『キリスト受難劇』。

◇一四五九年十月、ジャン・ド・カラブル、ナポリ占領（→一四六三年八月）。ノエル・ド・フリボワ、シャルル七世に『フランス年代記抄』贈る。ブルゴーニュ慣習法編纂。

◇一四五九〜六〇年頃、於アラス、ヴァルドー派弾圧。

一四六〇年

5／13アルマニャック伯ジャン五世、反逆により追放。

一四六一年

◇ナント大学新設（一四六三年、ブールジュ大学）。パリ、サント＝バルブ寄宿学校。リヨン地方で魔女裁判多発。
◇一四六〇年頃、ジャン・フーケ『ギヨーム・ジュヴェナル・デ・ズルサン肖像』。
7／22シャルル七世死。8／15ルイ十一世聖別。
◇8／29〜31アンジェ、トリコトリー。10／2ランス、上納金および塩税に抗する暴動、九月、ルイ十一世王室役人大量解任。11／27ルイ十一世、シャルル七世の「国本勅錠」廃止。フランソワ・ヴィヨン『遺言詩集』*。ニコラ・フロマン『聖ラザロの蘇生』。
　*前出『ヴィヨン全詩集』〔訳注〕。

一四六二年

◇一四六一〜八年頃、ジャン・ド・ブィユ『貴公子』。
4／12、5／9オリト条約、バルセロナ条約：ルイ十一世、カタルーニャに対抗してフアン二世（アラゴン）支持を約す。7／21ガストン四世・ド・フォワ指揮の国王軍、ピレネを越える。

一四六三年

◇2／5会計院再編の王令。6／10高等法院、ボルドーに新設（十一四六三年、於ペルピニャン）。
一月、ルーシヨン占領。6／16ルーシヨン、セルダーニュ、王国に合併。9／12〜10／8ルイ十一世、ブルゴーニュ侯フィリップよりソンムの諸都市（サン＝カンタン、アミアン他）を買戻す。

一四六四年

◇7／20ルイ十一世、聖職者に資産の申告を命令（違背者より財産没収）。九月、コミューンの財政状態監視に関する王令。
12／20ルイ十一世、ブルターニュ侯フランソワ二世に対抗のため諸侯の支援を要請。

一四六五年　◇10/16於ラングドック、ルイ十一世、開墾地を所有する聖職者に人頭税課税。宿駅整備に関する王令。
3/4不平諸侯、王弟ベリー侯シャルルを中心とする「公益同盟」に結集。* 三～九月、「公益同盟」戦争。7/16モントレリーの合戦。10/5、10/29コンフラン協定およびサン＝モール・デ・フォセ協定により戦争終結。12/10シャルル・ド・フランス、ノルマンディ侯（ただし一年だけ）。

一四六六年　◇ジャン・オケゲム、国王礼拝堂主任。

* ルイ十一世による中央集権やブルジョワ層の政界進出を不服とする封建諸侯の反国王同盟で、中心人物はベリー侯のほか、アランソン、ブルターニュ、ブルボン、ブルゴーニュなどの諸侯。ルイ十一世は諸侯の一人ずつと別個に交渉し、同盟を解消させることに成功した〔訳注〕。

一月、ルイ十一世、ルーションを弟シャルルに贈る。

一四六七年　6/15ブルゴーニュ侯フィリップ死。シャルル後継。10/15ブルターニュ侯フランソワ二世、ノルマンディ侵入。
◇公職に関する王令。リヨン絹産業の発端。於サン＝タマン＝モンロン〔ブールジュ南四〇キロメートル〕、塩税に反対する一揆。

一四六八年　4/6～14トゥール、三部会開催。8/22王国総司令官シャルル・ド・ムラン、「公益同盟」戦争参加の廉により処刑。9/10ブルターニュ侯フランソワ二世とアンスニの和平。ブルゴーニュ侯シャルルとペロンヌ条約。
◇一四六八年頃、諷刺独白劇『ベニョレの自由弓兵』。

一四六九年　4/22国王に対する陰謀の廉により、国王聴罪師バリュ枢機卿、ヴェルダン司教ギ

一四七〇年

ヨーム・ド・アランクール逮捕。4/29シャルル・ド・フランス、ギュイエンヌ侯。9/7ルイ十一世、弟シャルルと仲直り。

◇ルイ十一世「サン=ミッシェル騎士団」創設。

9/7アルマニャック伯ジャン五世、裏切りの廉で有罪（一四七三年3/6レクトゥールで死）。十一月、ルイ十一世、トゥール会議でブルゴーニュ侯シャルルに対する不満表明。ピカルディ、ブルゴーニュ侵攻。

◇十一月、カーンに大市設定。ギヨーム・フィシェ、ソルボンヌにパリで最初の印刷機設置。* ディジョン、アントワーヌ・ル=モワテュリエ、ブルゴーニュ侯ジャンの横臥像完成。

◇一四七〇年以前、笑劇『パトラン先生』**。

* グーテンベルクの発明とされる活版印刷機は誕生して一三年目にパリに迎え入れられた。新しい時代の印刷技術の必要性を痛感したパリ大学総長ジャン・ド・ラ=ピエールと司書ギヨーム・フィシェの努力でドイツから印刷機と三人の印刷工がやって来た〔訳注〕。

** 『ピエール・パトラン先生』（渡辺一夫訳）、岩波文庫、岩波書店、一九六三年〔訳注〕。

一四七一年

◇一四七〇年以降、オリヴィエ・ド・ラ=マルシュ『回想録』（→一四九三年）。

アラゴン王ファン二世、ブルゴーニュ侯シャルルの肝煎りによる不平諸侯による新たな同盟結成。3/10ブルゴーニュ侯シャルル、アミアン攻囲。四月、休戦。

一四七二年

5/24王弟シャルル・ド・フランス死。6/27ブルゴーニュ侯シャルル、ボーヴェ攻囲（ジャンヌ・アシェットのエピソード*）。七〜十月、コー地方荒掠。11/3休戦。

◇ペスト猖獗（十一四七三年）。フィリップ・ド・コミーヌ、国王に仕える。10/31アンボワーズの政教条約：ルイ十一世・教皇シクトゥス四世。

* フランス北東部の領土争いで、ピカルディ地方の諸都市に対してブルゴーニュ侯シャルルの軍勢が次々と押し寄せた。ボーヴェでは女丈夫ジャンヌ・レーネ（アシェット）がみずから手斧を引っ下げて城壁をかけめぐり、模範的な防衛戦を指揮して、ブルゴーニュ軍を撃退した。彼女のあだ名「アシェット」はその武器である手斧に由来する。その功に報いるべくルイ十一世は彼女を終身免税として遇した〔訳注〕

- 一四七二年頃、トマ・バザン『シャルル七世史』。

一四七三年

2/1 アラゴン王フアン二世、ペルピニャン入城（→一四七五年3/10）。三月、アルザス地方の諸都市、スイス諸州とブルゴーニュ侯シャルル間の紛争のはじまり（→一四七七年）。4/7 アルブレ家の庶子反逆加担により処刑。
◇リヨンの印刷業者、同地で最初の書籍印行。

一四七四年

7/2 アランソン侯に死刑宣告。7/12 ルネ・ダンジュ、相続を二分：孫ルネ二世（ロレーヌ）と甥シャルル三世（メーヌ）。ルイ十一世、アンジュを占領させる。
◇4/12 ブールジュで暴動。アルビ大聖堂の内陣仕切り。

一四七五年

◇一四七四年頃、ヌアン=レ=フォンテーヌ〔トゥール東南五五キロメートル〕のピエタ像。
6/10 シャロン伯、オランジュの宗主権を国王に譲る。3/10 ペルピニャン、国王軍の手に落ちる。7/6 エドワード四世、カレー上陸。8/29 ピキニー条約：エドワード四世、七万五〇〇〇エキュ受領および年金の約束。9/13 ルイ十一世・ブルゴーニュ侯シャルル、ソリュールの休戦。9/29 サンリスの和平：ルイ十一世・ブルターニュ侯フランソワ二世。12/19 大元帥ルイ・ド・リュクサンブール、反逆の廉により処刑。

一四七六年

4/6 ルネ・ダンジュに対する大逆罪訴訟、パリ高等法院で開始。ブルゴーニュ侯シャルル、スイス軍に連敗：於グランソン（3/2）〔ローザンヌ北二〇キロメートル〕、於モラ（6/22）〔ベルン西二〇キロメートル〕。
◇三月、教皇シクストゥス四世、甥ジュリアン・ド・ラ＝ロヴェールをアヴィニョンへの特使に任命。
◇一四七六年頃、スパルタのゲオルギオス・ヘルポニム、ギリシア語教師としてパリ定住。

一四七七年
1/5ブルゴーニュ侯シャルル、ナンシー攻囲戦で戦死。一～六月、ルイ十一世、ブルゴーニュ、ピカルディ、ブーロネ、アルトワ、エノー占領。8/4ヌムール侯ジャック・ダルマニャック、裏切りの廉で処刑。8/19ブルゴーニュ侯シャルル娘（相続人）マリ・ド・ブルゴーニュ、マクシミリアン・ドートリッシュ（フリードリヒ三世皇帝息子）と結婚。
◇ル＝ピュイ騒動（＋一四八一年、於アジャン）。ディジョン大学創設。

一四七八年
11/9ジャン・ダラゴン、イザベル・ド・カスティーユ、フェルディナン・ダラゴン間で和平調印。

一四七九年
◇9/15ルイ十一世、フランス教会の会議をアヴィニョンに召集。
8/7国王軍、アクシミリアン・ドートリッシュ軍に敗戦、於ギヌガット〔パ＝ド＝カレ県〕

一四八〇年
7/10ナポリ王ルネ・ダンジュ死。ルイ十一世、アンジュ、および王家に帰属するバロワ取得。ルネの甥シャルル・デュ・メーヌ、プロヴァンスおよびナポリの権益掌握。
◇一四八〇～九年頃、『ルイ・ド・ラヴァルの時禱書』の彩飾画。

一四八一年
12/11シャルル・デュ・メーヌ死。メーヌ、プロヴァンス、王領に帰す。

一四八二年
3/27マリ・ド・ブルゴーニュ死。12/27マクシミリアン・ドートリッシュと交わしたアラス条約により、ルイ十一世、ブルゴーニュ侯領およびピカルディ獲得。

一四八三年

◇十二月、東洋海上交易会社設立の計画。
6／22王太子シャルルとマクシミリアン・ドートリッシュ娘マルグリートと婚約。
8／30ルイ十一世死。子シャルル八世（十三歳）後継。

一四八四年

ボージュー家の摂政（王姉アンヌおよびその夫ブルボン侯ピエール・ド・ボージュー→一四九一年）。5／30シャルル八世、ランスで聖別。10／22〜28モンタルジス条約：シャルル八世、ブルターニュの貴族よりブルターニュ侯フランソワ二世の後継者に望まれる。
◇3／8通商の自由再建の勅令。5／14ルイ十一世顧問官、ジャン・ド・ドワイア逮捕、追放。*

*ルイ十一世の信任あつい顧問官でモンフェラン代官。ルイ十一世死後、諸侯なかでもブルボン侯の扇動により告訴され、拷問のうえ追放された。シャルル八世により復権、再登用された〔訳注〕。

◇一四八四〜五年頃、ニコラ・チュケ『幾何学』（数の科学の三部作）。

一四八五年

一月、「愚戦」：ブルターニュ貴族とルイ・ドルレアン、国王に反逆。* 7／19ブルターニュ侯フランソワ二世顧問官ピエール・ランデ絞首刑。** 8／9ブルターニュとボージュー家の和解。ルイ・ドルレアン二度目の反乱ののち降服（九月）。

*ルイ十一世に取り上げられた特権の回復を狙って不満諸侯、オルレアン侯（のちのルイ十二世王）、ブルボン侯ジャンらがシャルル八世の摂政を務める王姉アンヌ（ボージュー家）に対して企てた反乱。これにイギリスのリチャード三世やマクシミリアン・ドートリッシュの野心なども加わったが、大半の諸侯は、ブルターニュ侯フランソワ二世をはじめ、ボージュー家の摂政府を支持した〔訳注〕。

**ブルターニュ侯の財政問題をいっさいあずかっていたピエール・ランデの「愚戦」への関与を契機に政敵による彼の公金横領の告発が行なわれた結果である〔訳注〕。

一四八六年　2/10マクシミリアン・ドートリッシュおよびその息子との結婚が予定されていたフランソワ二世の二人の娘（アンヌとイザベル）、ブルターニュ三部会で公式の相続人として認知。六月、マクシミリアン軍、王国北部を侵攻。十二月、反国王同盟に諸侯結集。

一四八七年　二〜三月、ギュイエンヌ地方で暴動、シャルル八世鎮圧の後ボルドー入城。於ドーフィネ地方、反ヴァルド派十字軍。ルイ・マレ＝ド＝グラヴィル、提督。

一四八八年　7/27反国王同盟軍、サン＝トーバン＝デュ＝コルミエ（レンヌ北東二五キロメートル）で敗戦。ルイ・ドルレアン捕虜。《ブルターニュ》8/20ヴェルジェ条約：フランソワ二世、国王の同意なく娘アンヌの結婚をさせない旨約束。9/9フランソワ二世死。シャルル八世、レンヌに亡命したフランソワ二世娘アンヌ・ド・ブルターニュの監視を要求。

一四八九年　1/7国王軍、ブルターニュ入り。2/10アンヌ・ド・ブルターニュ、ブルターニュ女侯としてイギリスと同盟を結ぶ。《イタリア》9/11教皇インノケントゥス八世、ナポリ王フェルランテ一世の欠格を宣言、シャルル八世の助力を依頼。
◇フィリップ・ド・コミューヌ『回想録』（→一四九八年）。

一四九〇年　12/19アンヌ・ド・ブルターニュ、代理人を立ててマクシミリアン・ドートリッシュと結婚。

一四九一年　3/19〜20ナント占領。6/28ルイ・ドルレアン釈放。11/15レンヌ降服、レンヌ条約調印。12/6シャルル八世、アンヌ・ド・ブルターニュと結婚*。

*ヴェルジェ条約（一四八八年）に違背するアンヌ・ド・ブルターニュとマクシミリアン・ドートリッシュの結婚はアンヌ・ド・ボージュの手で解消ずみであったが、マクシミリアン側から花嫁に対

する監禁、暴行などの苦情が出ることをおそれたアンヌ・ド・ボージューは新郎新婦の初夜の寝室に、ことの成行きを証言させるための六人の町人をしのばせたといわれている〔訳注〕。

◇一四九一年以前、トマ・バザン『ルイ十一世』。

一四九二年

2/8アンヌ・ド・ブルターニュ、フランス王妃として戴冠、於サン＝ドニ。10/6イギリス軍、カレー上陸。11/3エタプル条約：イギリス軍、金貨七〇四万五〇〇〇エキュと引きかえに撤退。11/5アラス市民、マキシミリアン・ドートリッシュに町を開放。十二月、マキシミリアン軍、フランシュ＝コンテ進入。

◇1/3フェルディナン・ダラゴン、グラナダ奪取。スペインよりアラブ勢力根絶。10/18クリストフ・コロンブ、キューバ向け出航。パリ、サン＝テティエンヌ・デュ・モン建設。

一四九三年

1/19「スペインの王侯」とのバルセロナ協定：アラゴンにルーション、セルダーニュ返還。5/23サンリス条約：マクシミリアン・ドートリッシュとその子息フィリップにアルトワ、シャロレ、フランシュ＝コンテ返還。6/13〜16シャルル八世、ノートルダム・ド・ブーローニュへ巡礼。十二月、国王、ナント行幸。

◇ギヨーム・ブリソネ、サン＝マロ司教。マルセイユ、はじめての波止場建設。

一四九四年

《イタリア》1/25ナポリ王フェルランテ一世死。3/13シャルル八世、ナポリ王およびエルサレム王を称する。3/18教皇アレキサンデル六世、カラブリアのアルフォンソ二世にナポリ王国贈与。九〜十二月、フランス国王軍、イタリア諸都市に侵攻：トリノ（9/2）、アスティ（9/9）、ピサ（11/8）、フィレンツェ（11/17）、ローマ（12/31）。イタリア戦役開始（→一五五九年4/3、カトー＝カンブレシス条約）。

一四九五年

◇六月、リヨンからナポリと同盟しているフィレンツェの銀行を強制退去。
1/15教皇アレキサンデル六世へのシャルル八世の服従（1/19）によりローマの和平。1/22アルフォンソ二世、息子フェルディナンド二世のためを思って譲位。2/22シャルル八世、ナポリ入城。＊三月、ナポリ王国でのフランス占領機構。3/31ヴェニス同盟：マキシミリアン・ドートリッシュ、フェルディナンド二世、ミラノ侯ルドヴィコ・イル・モーロ、フランス勢力をイタリアから追放のため結束。5/20シャルル八世、ナポリ退去。7/6ヴェニス同盟軍、フォルノーヴォ〔パルマ近郊〕で敗北。7/7フェルディナンド二世ナポリ帰還、フランス兵虐殺。10/10ルドヴィコ・イル・モーロとヴェルセイユの和平。
◇ロベール・ガガン『フランク人の起源と偉功』。

＊父王がアンジュ家より相続したナポリ王国に対するシャルル八世の野望を達成して、シャルル八世は四万の大軍の先頭に立ってナポリへの無血入城を果たした〔訳注〕。

一四九六年

7/23アテラ〔カンパーニア地方〕でフランス軍降服。八月、マクシミリアン・ドートリッシュ、北イタリアへ遠征（↓十一月）。10/2シャルル八世、サルス〔ペルピニャン北一五キロメートル〕のアラゴン要塞占領。10/7ナポリ王位、フェルディナンド二世よりタラントのフェデリコへ（↓一五〇一年）。
◇3/6フランス主要都市へ一〇万リーヴルの一方的課税。三月、シャルル八世、建設中のアンボワーズ城訪問。

一四九七年

2/25タラント、ガエータ〔ラツィオ州〕の陥落後（一四九六年11/19）の陥落後、ナポリ王国全域での休戦調印。4/25ヴェニス同盟と五カ月間の休戦調印。10/25スペインとの協定調印、於アルカル・デ・ヘナヘス〔マドリッド近郊〕。

一四九八年

◇五月、リヨンで騎馬槍試合。8/2「大評定院」設立準備の勅令（一四九八年7/17の勅令で補完）。4/7シャルル八世死、於アンボワーズ城。* ルイ・ドルレアン（詩人シャルル・ドルレアン侯とマリ・ド・クレーヴの息子、故王とは五親等の従弟）、ルイ十二世として即位。5/27ルイ十二世、ランスで戴冠。8/5フェルディナン・ダラゴンとマルクーシ条約調印。ルイ十二世、ミラノ侯の称号受領。**

◇1/15イギリスとの通商条約調印。国王とパリ大学の軋轢：学生身分の特権濫用に関する八月三十一日付け勅令を巡って。ブロワ城にルイ十二世翼棟追加。ムーランの絵師「聖墓の戴冠」。

* ジュ・ド・ポームに熱中していた王は城内の競技場に急ぐあまり、石造りの出入り口の楣石（まぐさいし）に頭をつよくぶつけて意識を失った。九時間後に一度意識を取り戻したが、神の加護を祈るとすぐに落命した。享年二十八歳〔訳注〕。

** ルイ十二世のイタリア政策は基本的にシャルル八世のそれの継承であるが、個人的には祖母ヴァランティヌ・ヴィスコンティの遺産相続人としてミラノへの関心が高かった。ミラノ征服、ナポリ王国奪取、ジェノヴァ問題への介入を経て結局イタリアを放棄せざるをえなくなる（一五一三年）〔訳注〕。

一四九九年

1/8ルイ十二世、ジャンヌ・ド・フランス（ルイ十一世娘）との結婚解消後（一四九八年12/17）、シャルル八世未亡人アンヌ・ド・ブルターニュと再婚。* 2/9ヴェネチアと同盟。3/16ルチェルノ条約：ルイ十二世のスイスでの徴兵可能となる。八〜十月、ミラノ征服。

◇三月、裁判制度に関するブロワ大王令（一五一〇年六月の王令により補完）。パリのシャトレ裁判所による司法行政に関する王令。

＊ルイ十一世は、将来シャルル八世に後継ぎができない場合、推定相続人になるはずのオルレアン侯ルイの勢力増大を防ごうとして、まだ十五歳にならないルイに十二歳の体の不自由な娘ジャンヌを配した（一四七六年）。シャルル八世のあとをついでルイ十二世となった彼は、婚姻不成立を理由に教皇アレキサンデル六世より結婚解消の黙認を得た。ルイ十二世とシャルル八世未亡人アンヌ・ド・ブルターニュとの再婚は、一四九一年の約定で国王が後継ぎを残さずに死んだ場合にはアンヌ妃は新王と再婚するものと決められている条項に則ったものである。二人のあいだに生まれた二人の娘のうち、姉のクロードは未来のフランソワ一世妃となる。一方、ルイ十一世娘ジャンヌはブルージュに「お告げのマリア修道会」の尼僧院を創設、聖徳の誉れ高い一生を送った（彼女は二十世紀になってから列聖されている）〔訳注〕。

一五〇〇年

2/2スフォルツァ家のルドヴィコ・イル・モーロ、ミラノ、コモ、ノヴァラ奪取。4/10ラ＝トレモイユ、ノヴァラ奪回。ルドヴィコ捕虜となる。11/11グラナダ条約：ナポリ王国、ルイ十二世とアラゴン王フェルナンド二世とで分割。
◇6/24租税法院に関する王令。マルタン・シャンビジュ、ボーヴェ大聖堂袖廊正面建設（十一五〇四年サンリス、一五〇七年トロワ）。

一五〇一年

六月、フランス＝スペイン連合軍を前にナポリ王フェデリーコ降伏。6/7十字軍協定：ルイ十二世、教皇アレキサンデル六世、カトリック諸王。10/24十字軍、ミティリーニ（レスボス）沖で敗北。
◇フロリモン・ロベルテ、フランス財務官。プロヴァンスのヴァルド派、教皇に抗して自衛。3/20パリ会計検査院の裁判権制定。七月、エクス＝アン＝プロヴァンス高等法院創設。

一五〇二年

六月、ナポリ王国におけるフランス人とスペイン人の敵対関係発生。六〜九月、ルイ十二世、イタリア訪問。

◇ミシェル・コロンブ、ナントにアンヌ・ド・ブルターニュの両親の墓。ジェローム・ド・フィソルとギヨーム・レニョ、シャルル八世子およびアンヌ・ド・ブルターニュ墓、於トゥール。ガイヨン城建設。ジョスカン・デ・プレ『ミサ曲』第一巻。

一五〇三年

二月、フランス人騎士一一名（シャヴァンヌことラ＝パリス、バイヤールほか）対スペイン人騎士一一名の決闘。四月、スペイン人、ナポリ入り。十〜十一月、バイヤール、ガリリヤーノ橋防御。* 12／29コンサロ・デ・コルドバ将軍、フランス軍を下す（フランス軍、一五〇四年1／1ガエタで降伏）。

*「一点の非の打ちどころなき騎士」とうたわれたバイヤール領主ピエール・デュ・テライユは古今無双の豪の者で、ナポリ王国でのスペイン軍との闘いにはガリリヤーノ川にかかる橋のたもとでアラゴン兵二〇〇名をたった一人で防ぎきり、一兵をも渡らせなかった〔訳注〕。

一五〇四年

六〜十二月、アンヌ・ド・ブルターニュ、アンボワーズ枢機卿の教唆によるジエ元帥の裁判。* 9／22ブロワ条約：マクシミリアン・ドートリッシュ、その子フィリップ、ルイ十二世の同盟。

◇三〜九月、異常乾燥。4／18間接税・人頭税徴税人の職務徹底化布告。7／27王領に関する資料の王立資料保存庫収蔵義務化。

*ジエ領主、ピエール・ド・ロアンはシャルル八世、ルイ十二世に仕えて軍功をたて、フランス元帥（一四七五年）。シャルル八世の死後、遺産整理に関して王妃アンヌ・ド・ブルターニュの恨みを買い、告発され、五年間投獄の憂き目を見る〔訳注〕。

一五〇五年　4/6ルイ十二世、ミラノ侯領受領。3/31ルイ十二世遺言：娘クロードとその実のいとこフランソワ・ダングレームの結婚を命令。六〜七月、トゥルーズ高等法院でのジエ元帥裁判（→一五〇六年2/9）。

◇五月、トゥール慣習法編纂（一五〇七年、サンス、アミアン、ボーヴェ、オーセールの慣習法編纂。一五〇八年にシャルトル、メーヌ、アンジュ、一五〇九年にオルレアン、モー、トロワ、ショーモン、一五一〇年にオーベルニュ、パリ、一五一四年にポワトゥの各慣習法編纂）。

一五〇六年　5/14全国三部会開催、於プレシ＝レ＝トゥール（トゥール近郊）。5/21王女クロードとフランソワ・ダングレーム婚約。*

◇旅行者への宿駅利用開放。プロヴァンス地方のユダヤ人追放に関する国王の確認。3/10シャトレ裁判所による同業組合の禁止。11/22金銀細工師・造幣工の職規制に関する王令。

＊フランソワ十三歳、クロード七歳につき、各々の母親、ルイーズ・ド・サヴォワとアンヌ・ド・ブルターニュが代りにアンボワーズ城での婚約式に列席した〔訳注〕。

一五〇七年　四月、反フランス、ジェノヴァ人暴動鎮圧。

◇パリ、ノートル＝ダム橋建設（→一五一二年）。

一五〇八年　カンブレ同盟締結：ルイ十二世、教皇ユリウス二世、マクシミリアン・ドートリッシュ、アラゴン王フェルナンド二世、イギリス王ヘンリー七世、対ヴェネチア共和国（一五一〇年二月、ユリウス二世により破棄）。

◇11/11租税に関する王令。クロード・ド・セイセル『ルイ十二世賛』。ジャン・ブールディション『王妃アンヌ・ド・ブルターニュの時禱書』の彩飾画。ミシェル・コロンブ、ガイヨンの「聖

一五〇九年 ジョルジュ龍を倒す」祭壇画。パリ、サン＝ジャック＝ド＝ラ＝ブーシュリ教会の塔建設。

5／14ルイ十二世、アニャデロ〔ロンバルディア〕でヴェネチア軍に勝利。

◇1／12王国の軍隊編成に関する王令。2／27パリ高等法院、ヴァルド派に有利な判決。ローラン・ルルー、トロワ大聖堂の装飾。

一五一〇年 5／25アンボワーズ枢機卿死、その後任としてロベルテ、国王顧問官就任。

一五一一年 10／4対フランス「旧教同盟」締結：マクシミリアン・ドートリッシュ、教皇ユリウス二世、スペイン、ヴェネチア、スイス、イギリス。十二月、ミラノ地方、スイス軍の略奪。

◇11／1ルイ十二世召集、ピサ教会会議開催。11／24経理に関する勅令：パリ会計院機能の規定。エラスムス、パリで『痴愚神礼賛』校正。*画家ジャン・ペレアル設計のブルー教会建設（↓一五三六年）。

*『痴愚神礼讃』（渡辺一夫訳）、岩波文庫、岩波書店、一九五四年〔訳注〕。

一五一二年 二月、ルイ十二世甥ガストン・ド・フォワ、ボローニャ、ブレッシアを奪回、ラヴェンナに向け進発（4／11、ガストン同地で戦死*）。五〜六月、ラ＝パリス「旧教同盟」を前に退却。十二月、ミラノ、スフォルツァ家再興。フランス軍、北イタリアで敗退。

◇5／3ユリウス二世、第五ラテラノ公会議開催。ジャック・ルフェーヴル＝デタプル『聖パウロの書翰注釈』。ジャン・ルメール・ド・ベルジュ『ゴール縁起とトロイ霊異記』。

*ルイ十二世妹マリ・ドルレアンの子。一五一二年、駐伊軍総司令官。「イタリアの雷（いかづち）」とあだ名された電撃作戦の得意な将軍は吹雪をついてボローニャを落とし、スペイン・教皇連合

軍を敗走させ、ついでヴェネチア軍からブレッシアを奪取、ラヴェンナ掃討戦で戦死〔訳注〕。

一五一三年　4/1フランス・スペイン休戦締結。五〜六月、フランス軍、イタリア侵攻。7/1イギリス軍、カレー上陸。8/16「拍車の日」：フランス騎兵、ヘンリー八世・マクシミリアン・ドートリッシュ軍に敗戦、於ギヌガット〔パ＝ド＝カレ県〕。9/7スイス軍、ディジョン攻囲。

◇凶作（↓一五一五年）。ルイ十二世の肖像入りテストン銀貨鋳造。

一五一四年　1/9アンヌ・ド・ブルターニュ死。3/13アラゴン王フェルナンドと休戦締結。5/18王女クロードとフランソワ・ダングレーム結婚。8/7ヘンリー八世と同盟：ヘンリー妹マリとルイ十二世の結婚を前提として（10/7結婚）。

一五一五年　1/1ルイ十二世死。フランソワ・ダングレーム、フランソワ一世の名のもとに即位。

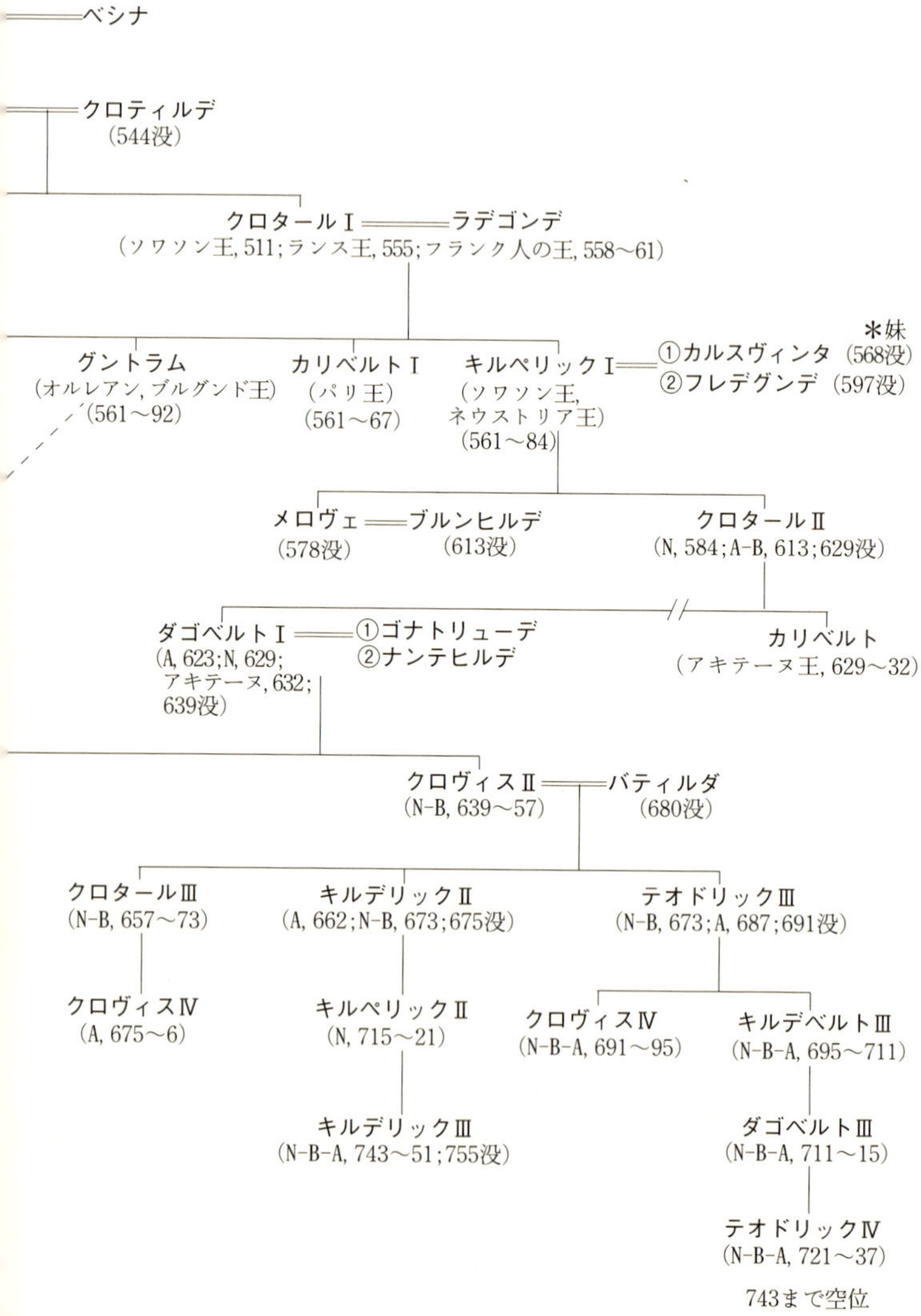

ベシナ
クロティルデ
(544没)
クロタールⅠ
ラデゴンデ
(ソワソン王, 511;ランス王, 555;フランク人の王, 558～61)
＊妹
グントラム
(オルレアン, ブルグンド王)
(561～92)
カリベルトⅠ
(パリ王)
(561～67)
キルペリックⅠ
(ソワソン王,
ネウストリア王)
(561～84)
①カルスヴィンタ (568没)
②フレデグンデ (597没)
メロヴェ
(578没)
ブルンヒルデ
(613没)
クロタールⅡ
(N, 584;A-B, 613;629没)
ダゴベルトⅠ
(A, 623;N, 629;
アキテーヌ, 632;
639没)
①ゴナトリューデ
②ナンテヒルデ
カリベルト
(アキテーヌ王, 629～32)
クロヴィスⅡ
(N-B, 639～57)
バティルダ
(680没)
クロタールⅢ
(N-B, 657～73)
キルデリックⅡ
(A, 662;N-B, 673;675没)
テオドリックⅢ
(N-B, 673;A, 687;691没)
クロヴィスⅣ
(A, 675～6)
キルペリックⅡ
(N, 715～21)
クロヴィスⅣ
(N-B-A, 691～95)
キルデベルトⅢ
(N-B-A, 695～711)
キルデリックⅢ
(N-B-A, 743～51;755没)
ダゴベルトⅢ
(N-B-A, 711～15)
テオドリックⅣ
(N-B-A, 721～37)
743まで空位

メロヴィング朝

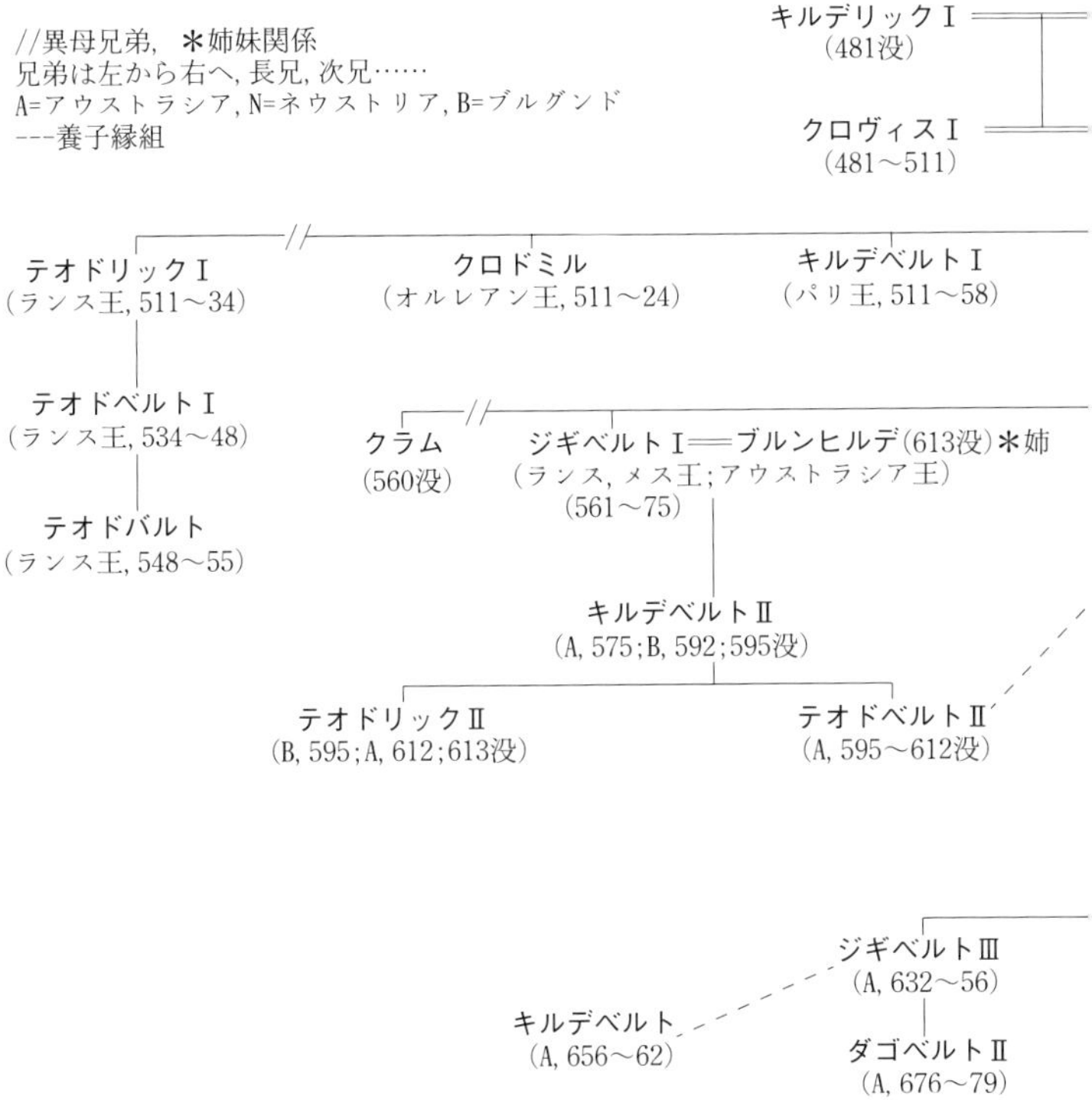
//異母兄弟, ＊姉妹関係
兄弟は左から右へ, 長兄, 次兄……
A=アウストラシア, N=ネウストリア, B=ブルグンド
---養子縁組
キルデリックⅠ
(481没)
クロヴィスⅠ
(481～511)
テオドリックⅠ
(ランス王, 511～34)
クロドミル
(オルレアン王, 511～24)
キルデベルトⅠ
(パリ王, 511～58)
テオドベルトⅠ
(ランス王, 534～48)
テオドバルト
(ランス王, 548～55)
クラム
(560没)
ジギベルトⅠ
(ランス, メス王;アウストラシア王)
(561～75)
ブルンヒルデ(613没)＊姉
キルデベルトⅡ
(A, 575;B, 592;595没)
テオドリックⅡ
(B, 595;A, 612;613没)
テオドベルトⅡ
(A, 595～612没)
ジギベルトⅢ
(A, 632～56)
キルデベルト
(A, 656～62)
ダゴベルトⅡ
(A, 676～79)

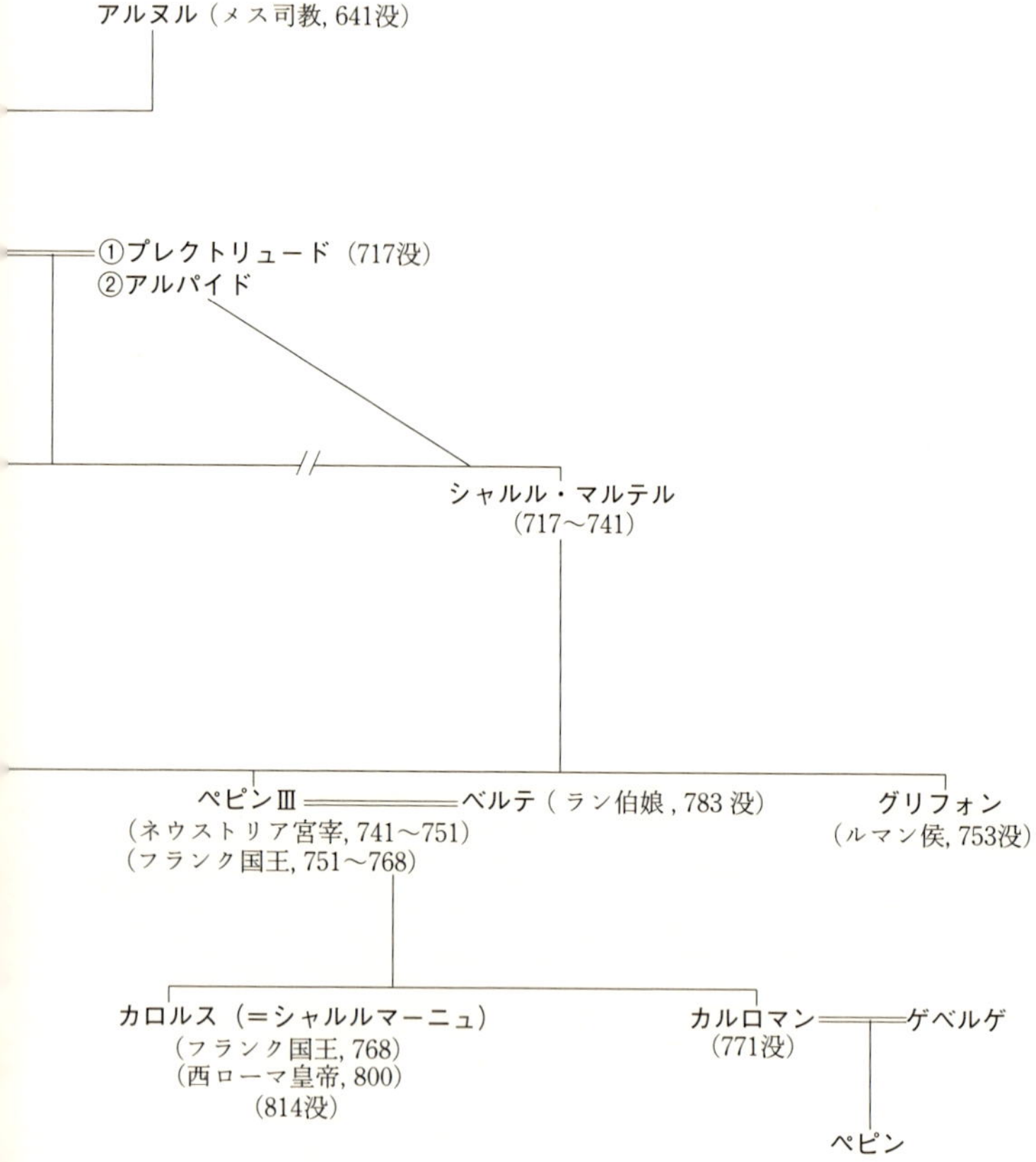
アルヌル（メス司教, 641没）
①プレクトリュード（717没）
②アルパイド
シャルル・マルテル
（717～741）
ペピンⅢ
（ネウストリア宮宰, 741～751）
（フランク国王, 751～768）
ベルテ（ラン伯娘, 783没）
グリフォン
（ルマン侯, 753没）
カロルス（＝シャルルマーニュ）
（フランク国王, 768）
（西ローマ皇帝, 800）
（814没）
カルロマン
（771没）
ゲベルゲ
ペピン

アウストラシア宮宰ペピン略系

ペピンⅠ（640没）（ランデン家）＝イッタ（652没）

グリモアルド（643～662）

キルデベルト（→ジギベルトⅢ養子）（国王, 656～662）

ベッガ＝アンセギセル

ペピンⅡ（ヘルスタル家）＝（679～714）

（長男）ドロゴン＝アンヌトリューデ（687, ブルグンド軍司令官）

ユーグ（ルーアン司教）

アルヌル

（次男）グリモアルドⅡ（701～714, ネウストリア宮宰）

テオドベルト（714没）

ヒルトリューデ（754没）＝オディロン（バイエルン侯）（748没）

タシロンⅢ（バイエルン侯）

カルロマン（741～747）（754没）

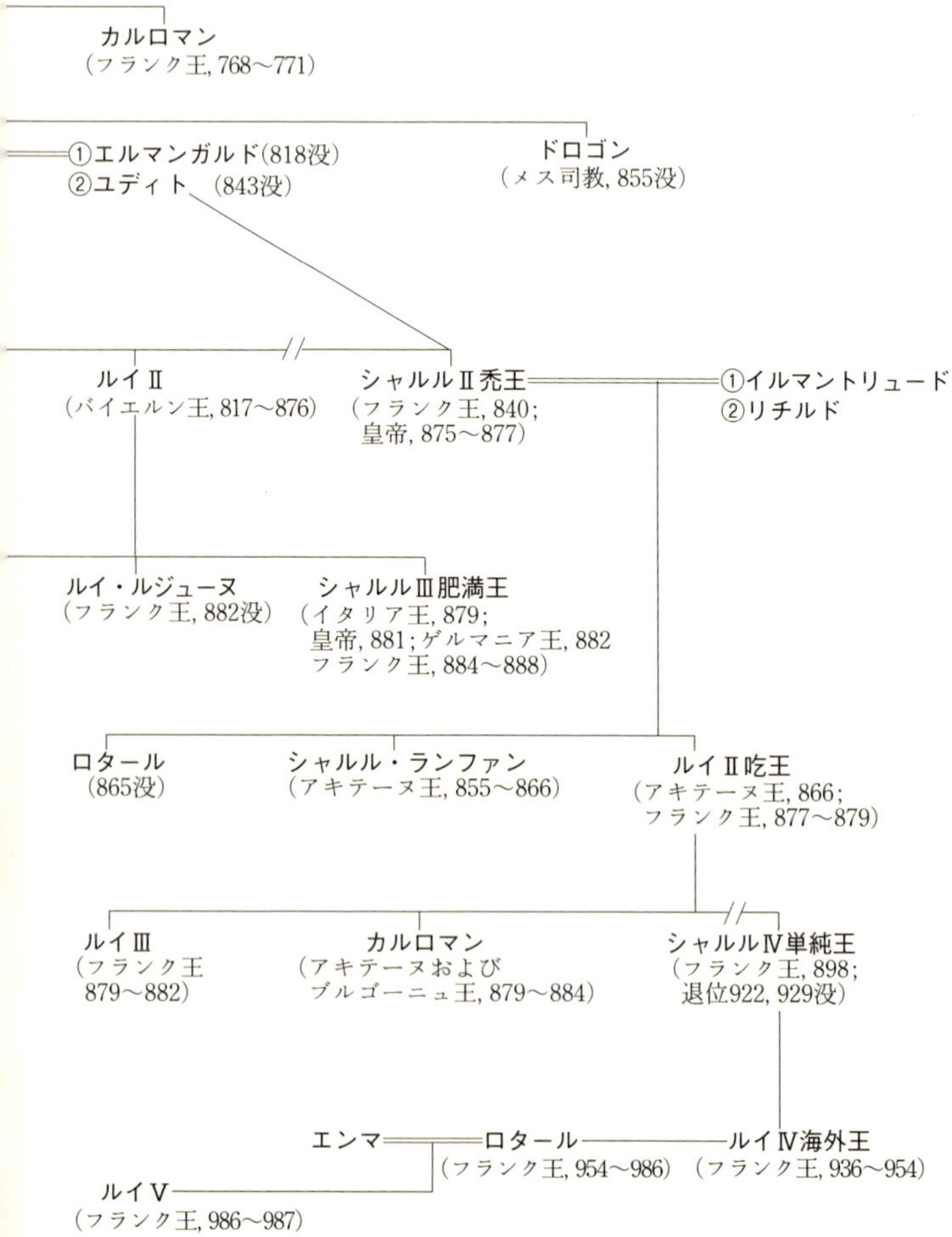
カルロマン
（フランク王, 768～771）
①エルマンガルド（818没）
②ユディト （843没）
ドロゴン
（メス司教, 855没）
ルイⅡ
（バイエルン王, 817～876）
シャルルⅡ禿王
（フランク王, 840;
皇帝, 875～877）
①イルマントリュード
②リチルド
ルイ・ルジューヌ
（フランク王, 882没）
シャルルⅢ肥満王
（イタリア王, 879;
皇帝, 881; ゲルマニア王, 882
フランク王, 884～888）
ロタール
（865没）
シャルル・ランファン
（アキテーヌ王, 855～866）
ルイⅡ吃王
（アキテーヌ王, 866;
フランク王, 877～879）
ルイⅢ
（フランク王
879～882）
カルロマン
（アキテーヌおよび
ブルゴーニュ王, 879～884）
シャルルⅣ単純王
（フランク王, 898;
退位922, 929没）
エンマ
ロタール
（フランク王, 954～986）
ルイⅣ海外王
（フランク王, 936～954）
ルイⅤ
（フランク王, 986～987）

カロリング朝（ペピン系）

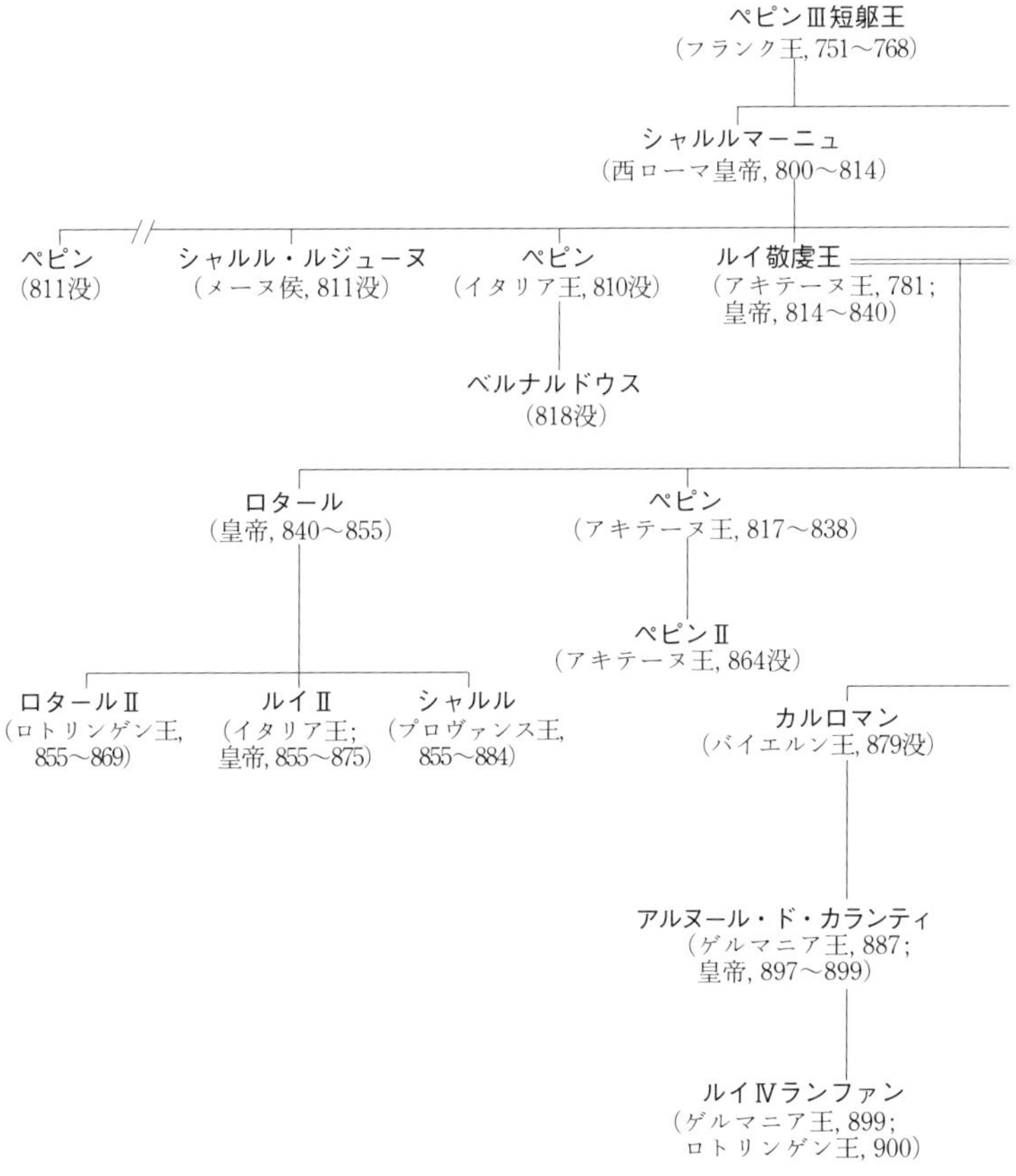
ペピンⅢ短躯王
（フランク王, 751～768）
シャルルマーニュ
（西ローマ皇帝, 800～814）
ペピン
（811没）
シャルル・ルジューヌ
（メーヌ侯, 811没）
ペピン
（イタリア王, 810没）
ルイ敬虔王
（アキテーヌ王, 781；
皇帝, 814～840）
ベルナルドウス
（818没）
ロタール
（皇帝, 840～855）
ペピン
（アキテーヌ王, 817～838）
ペピンⅡ
（アキテーヌ王, 864没）
ロタールⅡ
（ロトリンゲン王,
855～869）
ルイⅡ
（イタリア王;
皇帝, 855～875）
シャルル
（プロヴァンス王,
855～884）
カルロマン
（バイエルン王, 879没）
アルヌール・ド・カランティ
（ゲルマニア王, 887;
皇帝, 897～899）
ルイⅣランファン
（ゲルマニア王, 899;
ロトリンゲン王, 900）

ヒルデブランデ＝エルベールⅡ・ド・ヴェルマンドワ（943没）

ユード＝アンリ（ブルゴーニュ侯，965～1002）

エンマ（968没）＝リシャールⅠ・ド・ノルマンディ

カロリング朝（ロベール系）

ロベール・ルフォール
（ブルターニュ伯, 852;
侯, 861, 866没）

ユード
（パリ伯, 882頃;
ネウストリア侯, 886;
フランク王, 888;898没）

ロベールⅠ
（ネウストリア伯, 侯, 888;
フランク王, 922;923没）

ラウル・ド・ブルゴーニュ
（フランク王,
923～936）
＝エンマ

ユーグ・ルグラン
（フランク人の侯,
956没）

ユーグ・カペ
（フランク人の侯, 960
フランク王, 987～996）
＝アデライド・ダキテーヌ

オトン
（ブルゴーニュ侯,
965没）
＝リュートガルド・ド・ブルゴーニュ
（ジルベール・ド・シャロン娘

ユード　　　　アデライド＝＝ボードゥアンV
（フランドル伯）

ロベール
ドリュ伯
（1188没）　　　　コンスタンス＝＝レモンV
（トゥルーズ伯）

カペー朝（初期987～1180）

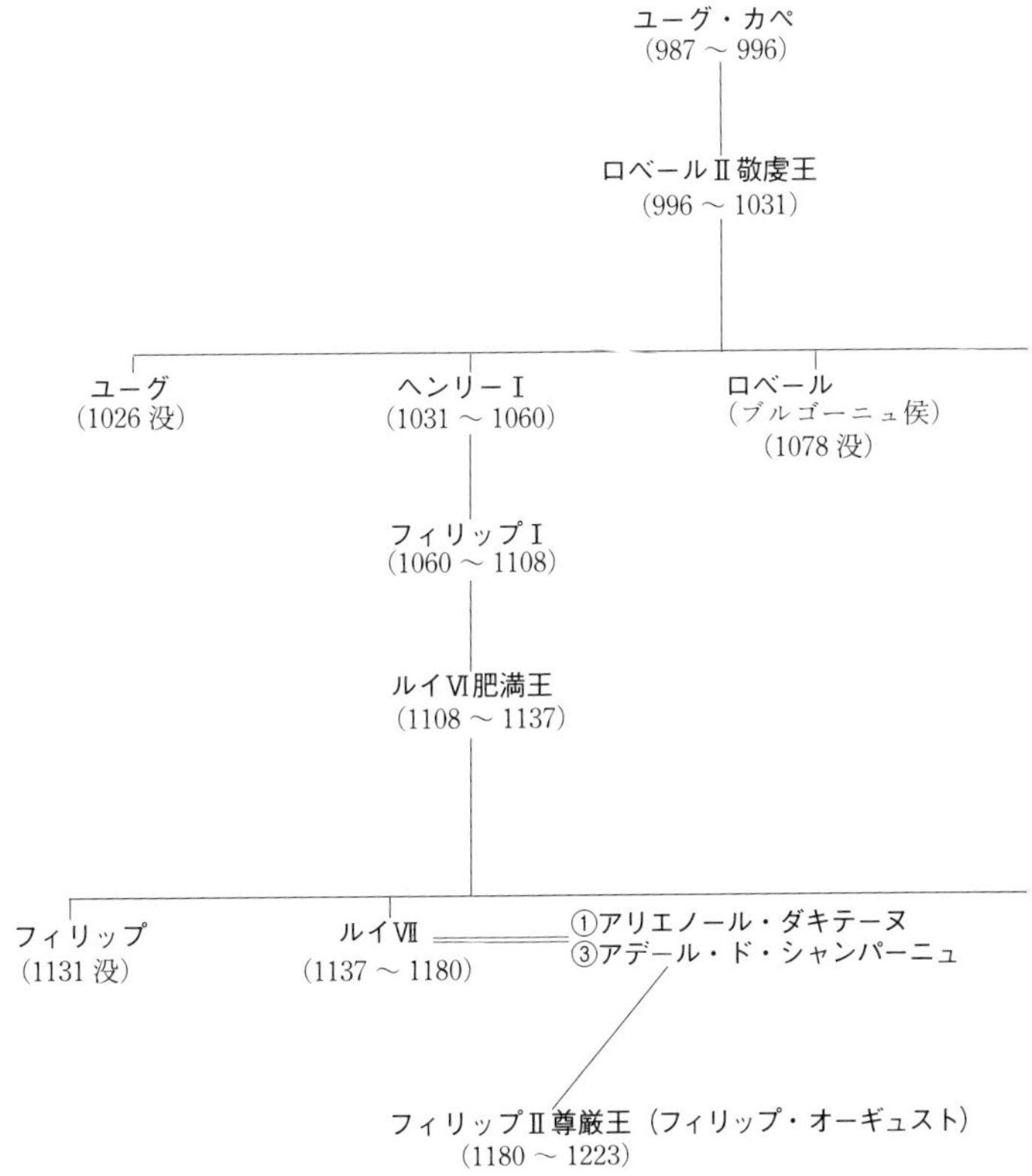
ユーグ・カペ
（987～996）
ロベールⅡ敬虔王
（996～1031）
ユーグ
（1026没）
ヘンリーⅠ
（1031～1060）
ロベール
（ブルゴーニュ侯）
（1078没）
フィリップⅠ
（1060～1108）
ルイⅥ肥満王
（1108～1137）
フィリップ
（1131没）
ルイⅦ
（1137～1180）
①アリエノール・ダキテーヌ
③アデール・ド・シャンパーニュ
フィリップⅡ尊厳王（フィリップ・オーギュスト）
（1180～1223）

①イザベル・ド・エノー（1180～90）
②インゲブルゲ（デンマーク）（1193～1236）
③アニェス・ド・メラニ（1196～1201）

フィリップ・ユルペル（クレルモン伯）＝マオー・ド・ブルゴーニュ

ジャン（アンジュ伯）（1232没）
アルフォンス（ポワティエ伯）（1271没）
フィリップ＝ダゴベール（1232没）
シャルル（アンジュ伯）（1285没）

ブランシュ（1323没）＝フェルディナンⅨ・ド・カスティーユ
マルグリット（1271没）＝ジャン・ド・ブラバン
ロベール（クレルモン伯）（1318没）＝ベアトリス・ド・ブルボン
アニェス（1325没）＝ロベールⅡ・ド・ブルゴーニュ

マルグリット（1318没）＝エドワ～ドⅠ（イギリス王）（1272～1307）
ブランシュ（1305没）＝ルドルフ・フォン・ハプスブルグ

エドワードⅡ（イギリス王）（妃イザベル）
エドワ～ドⅢ（イギリス王）（妃エノー伯娘フィリッパ）

シャルルⅣ（1322～28）
ヴァロワ家フィリップⅥ（1328～50）

カペー朝（後期 1180 〜 1328）

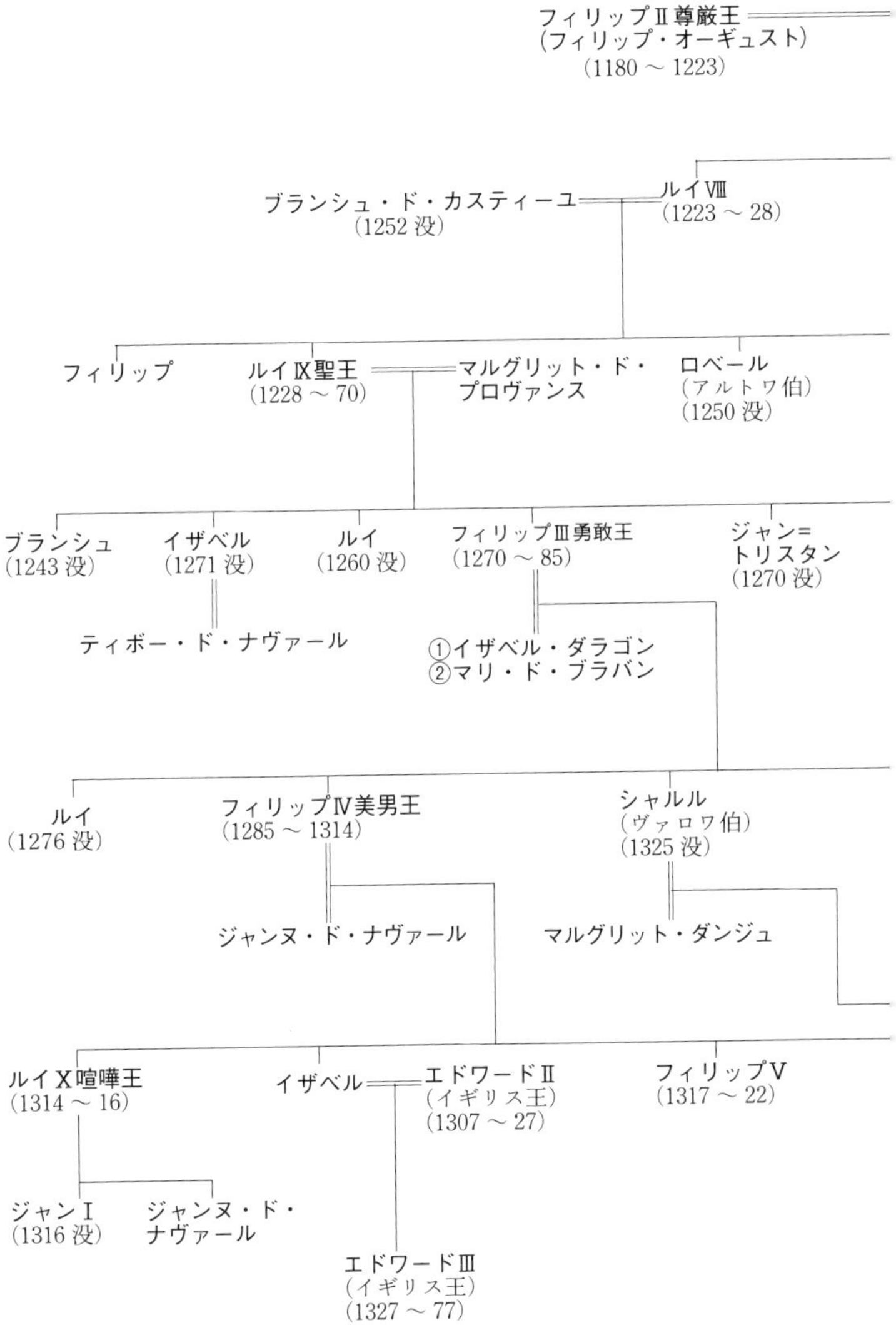
フィリップⅡ尊厳王
(フィリップ・オーギュスト)
(1180 〜 1223)
ブランシュ・ド・カスティーユ
(1252 没)
ルイⅧ
(1223 〜 28)
フィリップ
ルイⅨ聖王
(1228 〜 70)
マルグリット・ド・プロヴァンス
ロベール
(アルトワ伯)
(1250 没)
ブランシュ
(1243 没)
イザベル
(1271 没)
ティボー・ド・ナヴァール
ルイ
(1260 没)
フィリップⅢ勇敢王
(1270 〜 85)
①イザベル・ダラゴン
②マリ・ド・ブラバン
ジャン=トリスタン
(1270 没)
ルイ
(1276 没)
フィリップⅣ美男王
(1285 〜 1314)
ジャンヌ・ド・ナヴァール
シャルル
(ヴァロワ伯)
(1325 没)
マルグリット・ダンジュ
ルイⅩ喧嘩王
(1314 〜 16)
ジャンⅠ
(1316 没)
ジャンヌ・ド・ナヴァール
イザベル
エドワードⅡ
(イギリス王)
(1307 〜 27)
エドワードⅢ
(イギリス王)
(1327 〜 77)
フィリップⅤ
(1317 〜 22)

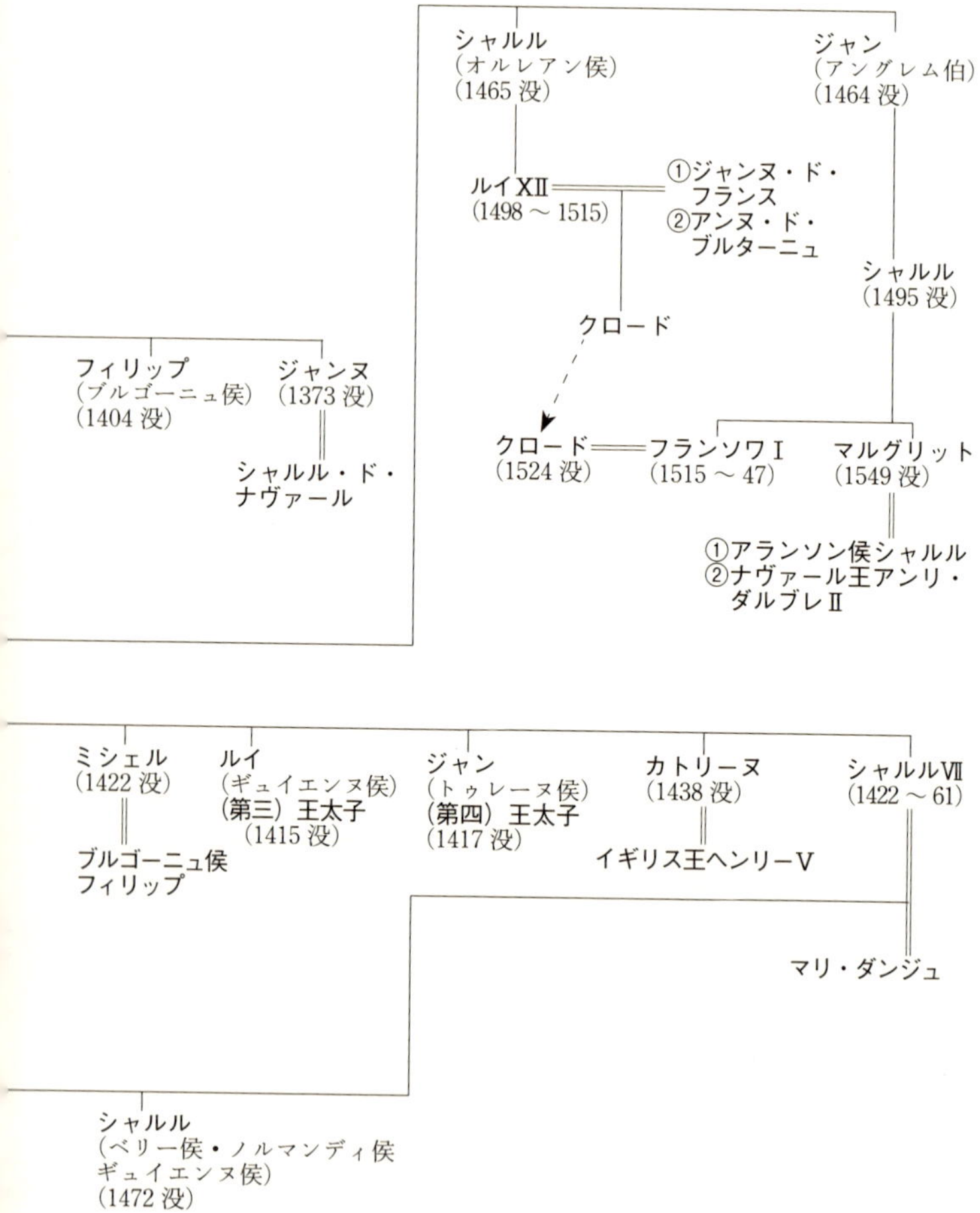
シャルル
(オルレアン侯)
(1465没)
ジャン
(アングレム伯)
(1464没)
ルイXII
(1498～1515)
①ジャンヌ・ド・フランス
②アンヌ・ド・ブルターニュ
シャルル
(1495没)
クロード
フィリップ
(ブルゴーニュ侯)
(1404没)
ジャンヌ
(1373没)
シャルル・ド・ナヴァール
クロード
(1524没)
フランソワI
(1515～47)
マルグリット
(1549没)
①アランソン侯シャルル
②ナヴァール王アンリ・ダルブレII
ミシェル
(1422没)
ブルゴーニュ侯フィリップ
ルイ
(ギュイエンヌ侯)
(第三)王太子
(1415没)
ジャン
(トゥレーヌ侯)
(第四)王太子
(1417没)
カトリーヌ
(1438没)
イギリス王ヘンリーV
シャルルVII
(1422～61)
マリ・ダンジュ
シャルル
(ベリー侯・ノルマンディ侯
ギュイエンヌ侯)
(1472没)

ヴァロワ朝

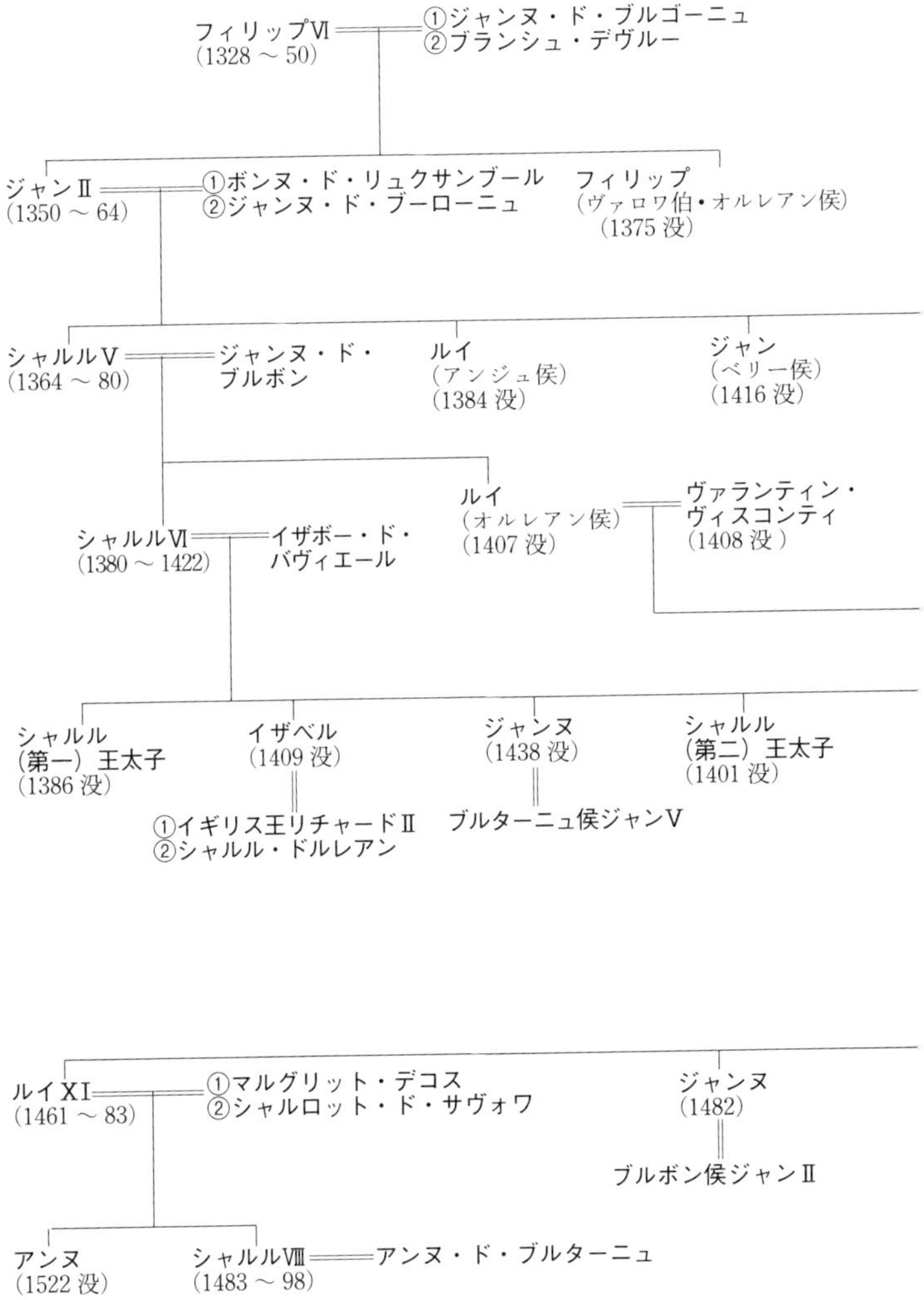

フィリップVI
(1328 〜 50)
①ジャンヌ・ド・ブルゴーニュ
②ブランシュ・デヴルー
ジャンII
(1350 〜 64)
①ボンヌ・ド・リュクサンブール
②ジャンヌ・ド・ブーローニュ
フィリップ
(ヴァロワ伯・オルレアン侯)
(1375 没)
シャルルV
(1364 〜 80)
ジャンヌ・ド・ブルボン
ルイ
(アンジュ侯)
(1384 没)
ジャン
(ベリー侯)
(1416 没)
ルイ
(オルレアン侯)
(1407 没)
ヴァランティン・ヴィスコンティ
(1408 没)
シャルルVI
(1380 〜 1422)
イザボー・ド・バヴィエール
シャルル
(第一) 王太子
(1386 没)
イザベル
(1409 没)
①イギリス王リチャードII
②シャルル・ドルレアン
ジャンヌ
(1438 没)
ブルターニュ侯ジャンV
シャルル
(第二) 王太子
(1401 没)
ルイXI
(1461 〜 83)
①マルグリット・デコス
②シャルロット・ド・サヴォワ
ジャンヌ
(1482)
ブルボン侯ジャンII
アンヌ
(1522 没)
シャルルVIII
(1483 〜 98)
アンヌ・ド・ブルターニュ

三王国宮宰一覧（訳者による）

アウストラシア	ネウストリア	ブルグンド
614～640 ペピンI（ランデン家）	630～641 アエガ	612～626 ヴァルンハール
640 オットー	641～658 アルキノアルド	642～643 フラコアド
643～662 グリモアルド	658～680 エブロイン	
662～679 ヴュルフォアルド	680～686 ヴァラトン	
679～714 ペピンII（ヘルスタール家）	686～687 ベルカイル	
（987～フランク王国全体の宮宰）	701～714 グリモアルドII	
717～741 シャルル・マルテル	715～731 ラインフロワ	
	（719～独立公国）	
741～747 カルロマン	741～751 ペピンIII	
	（751～768フランク王国）	

訳者あとがき

本書は、Thérèse Charmasson, *Chronologie de la France médiévale (481-1515)*, (Coll.« Que sais-je? »n°3368, P.U.F., Paris, 1998) の全訳である。著者が序文で記しているように、著者を含む三人の女性研究者の共著であり、九〇〇頁に及ぶ『フランス史年表』(P・U・F) がすでに一九九四年に刊行されている。この大著はのちに三分されて各々コレクション・クセジュに収まる。その中世篇が本書で、他の二書は、マルティヌ・ソネ『フランス近代史年表(一五一五〜一八一五)』(三一七八番、一九九六年) と、アンヌ=マリ・ルロラン『フランス現代史年表(一八一五〜現在)』(三一六三番、一九九七年) である。

一九五〇年生まれのシャルマソン女史は国立古文書学院に学び、「十五世紀占術の理論と実際——ブルゴーニュ侯侍医、占星術師、地相術師としてのローラン・レクリヴァン」と題する論文で一九七三年、古文書学士の称号を得ている。さらに、一九七六年には、高等実習学院でギ・ボージュアン教授の指導のもとに「卜占技術の研究——中世西欧における地相術」を第三課程博士論文として提出、受理されている(一九八〇年刊行)。

数多い女史の研究論文は次の二種に大別できる。その一は既出の西欧中世における占術、なかでも地相術（土占いとも呼ばれ、アラブ世界に起源をもつ占いで、一握りの土や砂利を無作為に地面に投げつけ、そこにできた形状で事象を判断する）に関する論文である。その二は教育史、とくに技術教育史の分野での研究で、発表年代も新しく、国立教育研究所の論集に発表されたものが多い。めずらしいものでは、ノルマンディのトックヴィル伯の城の倉庫からマルク・ブロックの原稿と一緒に発見されたという、リュシアン・フェーヴルのコレージュ・ド・フランスでの講演「名誉と祖国」（一九四五〜四七年）の編注本が挙げられる（パリ、ペラン社、一九九六年）。

現在、女史は「歴史的学術文献調査委員会」（CTHS＝Comité des travaux historiques et scientifiques）の知的財産管理室長の要職にある。同時に一九八六年以来は「科学・技術史研究所」（CRHST＝Centre de recherches en histoire des sciences et des techniques）に付属している、パリ一九区のヴィレット公園内にある「科学・産業資料館」（CSI＝Cité des sciences et de l'industrie）に出向して、歴史的に貴重な学術文献の収集、分類、保存につとめるとともに、学術論文の執筆者、研究者たちにこれらの知的遺産のもつ重要性への関心を高める活動を推進しておられる。

二〇〇六年夏のある日、訳者が女史をパリ一二区の自宅に訪問した際には、自宅からすぐ近くにある緑に囲まれた古いヴィラ風の二階にある書斎に招じられ、たくさんの著書や抜刷をいただき、清風座に満つ懇談の一刻を過ごしたものである。

前述の『フランス史年表』では、女史の担当された中世（四八〇〜一四九八年）の記事は国内政治、対外交渉、宗教関係、文化・社会の四柱に区分されているが、訳書の原本『フランス中世史年表』では国内政治（含対外交渉）と文化・宗教の二つに縮約されている。

誤解を生じない程度で記号を使用した（例：→＝至、＋＝及、◇＝宗教、文化、学術、文芸、その他副次的記事）。記事の単調な羅列を避け、あわせて読者の理解に資するため、随所に訳注を施した。読者の興味をそそるように心掛けたつもりなので、外史、野乗の類いも一部交じっているかも知れない。出典はとくに個々には記さなかったが、代表的なものを挙げておく。

- *Chronologie de l'histoire de France*, ou *Résumé des cours élémentaire, moyen et supérieur d'histoire de France*, par une réunion de professeurs, "Collection d'ouvrages classiques, n°114", Paris, de Gogors, s. d.
- André Castelot & Alain Decaut, *Histoire de la France & des Français au jour le jour*, I Au berceau de la France (préhistoire - 1180), Paris, Perrin, 1976.
- *Chronique de la France et des Français*, sous la direction de Jean Favier, Larousse, 1987.
- Jean-Joseph Julaud, *L'hitoire de France, des origines à 1789, pour les nuls*, vol. I, Paris, éd. First, 2006.
- Armand Dayot, *Le Moyen âge*, Paris, Flammarion, s.d.

最後に白水社編集部の中川すみ氏の御助勢、御協力に厚く御礼申し上げる。

二〇〇七年六月

訳者

訳者略歴
一九三九年生まれ
京都大学大学院文学研究科博士課程修了
パリ大学文学博士
フランス中世文学、語学専攻
日本文体論学会常任理事
国際動物叙事詩学会名誉会長

主要著訳書
アシル・リュシェール『フランス中世の社会』（東京書籍）
レジーヌ・ペルヌー『ジャンヌ・ダルク』（東京書籍）
『狐物語』（共訳、白水社）
『狐物語2』（共訳、渓水社）
ジャン・ラスパイユ『教皇正統記』（東洋書林）
アラン・サン=ドニ『聖王ルイの世紀』（白水社文庫クセジュ八八二番）

フランス中世史年表
四八一〜一五一五年

二〇〇七年七月　五日　印刷
二〇〇七年七月三〇日　発行

訳　者　© 福《ふく》本《もと》直《なお》之《ゆき》
発行者　川村雅之
印刷所　株式会社　平河工業社
発行所　株式会社　白水社

東京都千代田区神田小川町三の二四
電話　営業部〇三（三二九一）七八一一
　　　編集部〇三（三二九一）七八二一
振替　〇〇一九〇―五―三三二二八
　　　郵便番号一〇一―〇〇五二
http://www.hakusuisha.co.jp
乱丁・落丁本は、送料小社負担にてお取り替えいたします。

製本：平河工業社

ISBN978-4-560-50913-5
Printed in Japan

文庫クセジュ

哲学・心理学・宗教

文庫クセジュ

763 エゾテリスム思想
764 認知神経心理学
768 ニーチェ
773 エピステモロジー
778 フリーメーソン
779 ライプニッツ
780 超心理学
789 ロシア・ソヴィエト哲学史
793 フランス宗教史
802 ミシェル・フーコー
807 ドイツ古典哲学
809 カトリック神学入門
818 カバラ
835 セネカ
848 マニ教
851 芸術哲学入門
854 子どもの絵の心理学入門
862 ソフィスト列伝
863 オルフェウス教
866 透視術
874 コミュニケーションの美学
880 芸術療法入門
881 聖パウロ
891 科学哲学
892 新約聖書入門
900 サルトル
905 キリスト教シンボル事典

文庫クセジュ

歴史・地理・民族（俗）学

18 フランス革命
62 ルネサンス
79 ナポレオン
116 英国史
133 十字軍
160 ラテン・アメリカ史
191 ルイ十四世
202 世界の農業地理
297 アフリカの民族と文化
309 パリ・コミューン
338 ロシア革命
351 ヨーロッパ文明史
382 海賊
412 アメリカの黒人
418〜421 年表世界史
428 宗教戦争
446 東南アジアの地理
454 ローマ共和政
458 ジャンヌ・ダルク

484 宗教改革
491 アステカ文明
506 ヒトラーとナチズム
528 ジプシー
530 森林の歴史
536 アッチラとフン族
541 アメリカ合衆国の地理
557 ジンギスカン
566 ムッソリーニとファシズム
568 ブラジル
586 トルコ史
590 中世ヨーロッパの生活
597 ヒマラヤ
602 末期ローマ帝国
604 テンプル騎士団
610 インカ文明
615 ファシズム
636 メジチ家の世紀
648 マヤ文明
660 朝鮮史

664 新しい地理学
665 イスパノアメリカの征服
684 ガリカニスム
689 言語の地理学
705 対独協力の歴史
709 ドレーフュス事件
713 古代エジプト
719 フランスの民族学
724 バルト三国
731 スペイン史
732 フランス革命史
735 バスク人
743 スペイン内戦
747 ルーマニア史
752 オランダ史
755 朝鮮半島を見る基礎知識
760 ヨーロッパの民族学
766 ジャンヌ・ダルクの実像
767 ローマの古代都市
769 中国の外交

文庫クセジュ

781 カルタゴ
782 カンボジア
790 ベルギー史
791 アイルランド
806 中世フランスの騎士
810 闘牛への招待
812 ポエニ戦争
813 ヴェルサイユの歴史
814 ハンガリー
815 メキシコ史
816 コルシカ島
819 戦時下のアルザス・ロレーヌ
823 レコンキスタの歴史
825 ヴェネツィア史
826 東南アジア史
827 スロヴェニア
828 クロアチア
831 クローヴィス
834 プランタジネット家の人びと
842 コモロ諸島

853 パリの歴史
856 インディヘニスモ
857 アルジェリア近現代史
858 ガンジーの実像
859 アレクサンドロス大王
861 多文化主義とは何か
864 百年戦争
865 ヴァイマル共和国
870 ビザンツ帝国史
871 ナポレオンの生涯
872 アウグストゥスの世紀
876 悪魔の文化史
877 中欧論
879 ジョージ王朝時代のイギリス
882 聖王ルイの世紀
883 皇帝ユスティニアヌス
885 古代ローマの日常生活
889 バビロン
890 チェチェン
896 カタルーニャの歴史と文化

897 お風呂の歴史
898 フランス領ポリネシア
902 ローマの起源
903 石油の歴史
904 カザフスタン
906 フランスの温泉リゾート

文庫クセジュ

社会科学

357 売春の社会学
396 性関係の歴史
483 社会学の方法
616 中国人の生活
654 女性の権利
693 国際人道法
717 第三世界
725 イギリス人の生活
740 フェミニズムの世界史
744 社会学の言語
746 労働法
786 ジャーナリストの倫理
787 象徴系の政治学
792 社会学の基本用語
824 トクヴィル
837 福祉国家
845 ヨーロッパの超特急
847 エスニシティの社会学
887 NGOと人道支援活動
888 世界遺産
893 インターポール
894 フーリガンの社会学
899 拡大ヨーロッパ
907 死刑制度の歴史

文庫クセジュ

芸術・趣味

文庫クセジュ

語学・文学

28 英文学史
185 スペイン文学史
223 フランスのことわざ
258 文体論
266 音声学
407 ラテン文学史
453 象徴主義
466 英語史
489 フランス詩法
498 俗ラテン語
514 記号学
526 言語学
534 フランス語史
538 英文法
579 ラテンアメリカ文学史
598 英語の語彙
618 英語の語源
646 ラブレーとルネサンス
690 文字とコミュニケーション
706 フランス・ロマン主義
711 中世フランス文学
712 意味論
714 十六世紀フランス文学
716 フランス革命の文学
721 ロマン・ノワール
729 モンテーニュとエセー
730 ボードレール
741 幻想文学
753 文体の科学
774 インドの文学
776 超民族語
777 文学史再考
784 イディッシュ語
788 語源学
800 ダンテ
817 ゾラと自然主義
822 英語語源学
829 言語政策とは何か
832 クレオール語
833 レトリック
838 ホメロス
839 比較文学
840 語の選択
843 ラテン語の歴史
846 社会言語学
855 フランス文学の歴史
868 ギリシア文法
873 物語論
901 サンスクリット